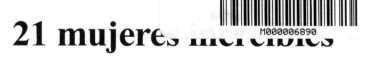

21 mujeres increíbles

Las inspiradoras vidas de las mujeres artistas del siglo XX: Madonna, Yayoi Kusama y otras personalidades (Libro de biografías para jóvenes y adultos)

Por Student Press Books

Índice de contenidos

Introducción

Conoce a las **impresionantes** mujeres artistas del **siglo XX** - biografías **para mayores de 12 años.**

Bienvenido a la serie Empoderamiento femenino. Este libro le presenta a las mujeres artistas del siglo XX. Con **21 mujeres increíbles, este libro** presenta biografías inspiradoras de mujeres creativas de todo el mundo.

Este libro describe a las artistas del siglo XX y comparte sus historias de creatividad, coraje y determinación de una manera atractiva y educativa. Las historias de este libro se proponen inspirar y recrear nuevos caminos para las generaciones futuras.

El libro de 21 mujeres increíbles no es un libro más sobre mujeres de éxito. Es inspirador, fácil de leer e incluye historias cautivadoras que harán que quieras seguir pasando las páginas. Este libro, destaca porque trata sobre las vidas de muchas mujeres jóvenes y adultas que cambiaron sus mundos y nuestras perspectivas actuales. ¡Descubre con este libro lo que supuso ser creativo en un mundo del siglo XX dominado por los hombres!

Este libro de la serie Empoderamiento femenino **abarca:**

- Biografías fascinantes: lee sobre modelos femeninos de éxito como cantantes, fotógrafas, escultoras, escritoras y bailarinas que inspiraron al mundo. Encontrarás nombres como Aretha Franklin, Leni Riefenstahl, Yayoi Kasuma, Katherine Hepburn, Doris Lessing y muchos más.
- Retratos vívidos: haz que estas Mujeres increíbles cobren vida en tu imaginación con la ayuda de estimulantes fotos o ilustraciones.

Sobre la serie: La **serie Empoderamiento femenino** de Student Press Books presenta nuevas perspectivas sobre el **empoderamiento femenino** que inspirarán a las jóvenes lectoras a considerar su lugar en una sociedad cada vez más diversa. ¿Quién será tu próxima fuente de inspiración?

21 Mujeres increíbles va más allá de otros libros de biografías sobre el empoderamiento femenino ya que aborda temáticas y personalidades de todo el mundo a través del tiempo. También es un gran regalo para cualquier hija, hermana, sobrina o nieta.

Tu regalo

Tienes un libro en tus manos.

No es un libro cualquiera, es un libro de Student Press Books. Escribimos sobre héroes negros, mujeres empoderadas, mitología, filosofía, historia y otros temas interesantes.

Ya que has comprado un libro, queremos que tengas otro gratis.

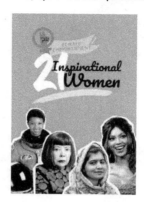

Todo lo que necesita es una dirección de correo electrónico y la posibilidad de suscribirse a nuestro boletín (lo que significa que puede darse de baja en cualquier momento).

¿A qué espera? Suscríbase hoy mismo y reclame su libro gratuito al instante. Todo lo que tiene que hacer es visitar el siguiente enlace e introducir su dirección de correo electrónico. Se le enviará el enlace para descargar la versión en PDF del libro inmediatamente para que pueda leerlo sin conexión en cualquier momento.

Y no te preocupes: no hay trampas ni cargos ocultos; sólo un regalo a la vieja usanza por parte de Student Press Books.

Visite este enlace ahora mismo y suscríbase para recibir un ejemplar gratuito de uno de nuestros libros.

Link: https://campsite.bio/studentpressbooks

Madonna (nacida en 1958)

Cantante estadounidense a la que se conoce como la "Reina del Pop".

"Mucha gente tiene miedo de decir lo que quiere. Por eso no consiguen lo que quieren".

Con canciones melódicas y bailables y vídeos musicales memorables, Madonna se convirtió en una sensación mundial del pop en la década de 1980. Siguió grabando y haciendo giras durante más de tres décadas, atrayendo tanta atención por su imagen sexy como por su música. Su inmensa popularidad le permitió alcanzar niveles de poder y control sin precedentes para una mujer en la industria del entretenimiento.

Madonna Louise Ciccone nació el 16 de agosto de 1958 en Bay City, Michigan. Estudió danza en la Universidad de Michigan y actuó en el Alvin Ailey American Dance Theater de Nueva York antes de trabajar en una revista de discoteca en París en 1979.

Al regresar a Nueva York, actuó con varios grupos de rock antes de publicar su primer álbum, Madonna, en 1983. Produjo los exitosos singles "Holiday", "Borderline" y "Lucky Star".

Madonna se convirtió en una superestrella con el lanzamiento de su segundo álbum, Like a Virgin, en 1984. El álbum llegó al número uno y produjo cuatro singles de éxito. El ascenso de Madonna tuvo tanto que ver con su hábil uso de los vídeos musicales como con las propias canciones.

Madonna trabajó con los mejores diseñadores, fotógrafos y directores para crear imágenes memorables en sus vídeos, como la inocente complicidad que representó en "Like a Virgin" y la figura de Marilyn Monroe en "Material Girl".

Los álbumes True Blue (1986), con el sencillo "Papa Don't Preach", y Like a Prayer (1989) también alcanzaron el número uno y obtuvieron críticas positivas. El vídeo de la canción "Like a Prayer" llamó la atención por sus controvertidas imágenes religiosas. En 1990 Madonna emprendió su gira mundial Blond Ambition y lanzó los singles número uno "Vogue" y "Justify My Love".

En 1991, Madonna había conseguido 21 éxitos en el Top 10 de Estados Unidos y había vendido unos 70 millones de álbumes a nivel internacional. Comprometida con el control de su propia carrera, llegó a un acuerdo con Time-Warner para dirigir su propia compañía discográfica subsidiaria, llamada Maverick.

Mientras tanto, Madonna también había seguido una carrera de actriz. Su primer papel protagonista fue una sólida actuación en la película Desperately Seeking Susan (1985). Su carrera cinematográfica flaqueó con Shanghai Surprise (1986) y Who's That Girl (1987), pero se recuperó con Truth or Dare, un documental de la gira Blonde Ambition. Su papel protagonista en el musical cinematográfico Evita (1996) le valió un Globo de Oro. Madonna también apareció en Broadway en la obra de David Mamet Speed-the-Plow (1988).

En 1998 Madonna lanzó su primer álbum de material nuevo en cuatro años, Ray of Light, que era un experimento de música tecno. Se convirtió en un éxito comercial y de crítica, y le valió a Madonna sus primeros premios Grammy por su música (su anterior victoria había sido por un vídeo). Su incursión en la electrónica continuó con Music (2000).

En 2005 Madonna volvió a sus raíces con Confessions on a Dance Floor. Hard Candy (2008) fue un álbum con una infusión de hip-hop con la composición y el trabajo vocal y de producción de Justin Timberlake, Timbaland y Pharrell Williams. El álbum MDNA (2012) contó con cameos de las raperas M.I.A. y Nicki Minaj. Madonna fue incluida en el Salón de la Fama del Rock and Roll en 2008.

Madonna estuvo brevemente casada con el actor Sean Penn en la década de 1980 y se casó con el director inglés Guy Ritchie en 2000. Madonna y Ritchie se divorciaron en 2008.

Destacados

- El primer éxito de Madonna, "Holiday", en 1983, proporcionó el modelo para su material posterior: un sonido alegre de club de baile con una producción nítida y un atractivo inmediato.
- Fue la primera artista femenina que explotó plenamente el potencial del vídeo musical.
- Fusión de música tecno y letras autoconscientes, fue un éxito comercial y de crítica, que le valió a la cantante sus primeros premios Grammy musicales, entre ellos el de mejor álbum de pop (su anterior victoria había sido por un vídeo).
- Madonna ingresó en el Salón de la Fama del Rock and Roll en 2008.

Preguntas de investigación

1. ¿Qué cantantes femeninas escuchas? ¿Quién es tu cantante favorita?
2. Si alguien te pidiera una recomendación de canción, ¿cuál sería? (Puede ser de cualquier artista actual)
3. ¿Cree que hay suficientes mujeres artistas en la industria musical actual?

Beyoncé (nacida en 1981)

Cantautora y actriz estadounidense con varios premios Grammy de platino

"Si todo fuera perfecto, nunca aprenderías y nunca crecerías".

La cantante, compositora y actriz estadounidense Beyoncé alcanzó la fama a finales de los años 90 como vocalista del grupo de R&B Destiny's Child. Después lanzó una exitosa carrera en solitario.

Beyoncé Giselle Knowles nació el 4 de septiembre de 1981 en Houston, Texas. A los nueve años formó el grupo de chicas Destiny's Child (originalmente llamado Girl's Tyme) en 1990 con amigas de la infancia.

En 1992, el grupo perdió en el programa de talentos de televisión Star Search. Tres años más tarde, Destiny's Child fue excluida de un contrato de grabación antes de que se publicara un álbum. En 1997, sin embargo, el grupo obtuvo un contrato de grabación con Columbia y lanzó un álbum de debut, Destiny's Child.

Produjo tres singles de éxito, incluido el Top Ten "No, No, No Part 2". El siguiente álbum, The Writing's on the Wall (1999), le valió al grupo dos premios Grammy y vendió más de ocho millones de copias en Estados Unidos.

En el año 2000, Destiny's Child había pasado de ser un cuarteto a un trío. Grabaron "Independent Women, Pt. 1", que se convirtió en el tema principal de la versión cinematográfica de Los Ángeles de Charlie. Publicado en octubre, el sencillo pasó 11 semanas en el número uno y se incluyó en el tercer álbum del grupo, Survivor (2001). El álbum también alcanzó el número uno en la lista Billboard 200.

Las funciones de Beyoncé en Destiny's Child se extendieron más allá del papel de cantante principal, ya que comenzó a escribir y producir. Ayudó a escribir canciones de éxito para el grupo, como "Bootylicious" e "Independent Women". Con el tiempo, el grupo se separó para realizar proyectos individuales.

Beyoncé utilizó su talento como compositora para ser coautora de su primer álbum en solitario, Dangerously in Love (2003). El álbum se estrenó con críticas muy favorables y acabó encabezando las listas de éxitos. En 2004, Beyoncé ganó cinco premios Grammy, entre ellos el de mejor álbum de R&B contemporáneo y mejor interpretación vocal femenina de R&B.

Destiny's Child se reunió en 2004 para lanzar un cuarto álbum de estudio, Destiny Fulfilled. El álbum vendió más de siete millones de copias en todo el mundo y generó varios singles de éxito. El trío se embarcó en una gira mundial en 2005, durante la cual anunció que el grupo se disolvería oficialmente. Ese mismo año publicaron su último álbum, #1's, una colección de canciones muy conocidas y números uno.

En 2006, Beyoncé lanzó su segundo álbum de estudio en solitario, B'Day. El primer sencillo del álbum, "Déjà Vu", fue un número uno. En 2008 se casó con el rapero Jay-Z, y la unión los convirtió en una de las parejas con más ingresos de la industria del entretenimiento. Ese mismo año, Beyoncé publicó el álbum doble I Am... Sasha Fierce. I Am era una colección de baladas introspectivas, y Sasha Fierce contenía temas de baile conocidos por la mayoría de sus fans. El álbum generó cinco singles del Top 20 de Billboard, incluido el número uno "Single Ladies (Put a Ring on It)".

En los Premios Grammy 2010, Beyoncé ganó seis premios, entre ellos el de canción del año, mejor interpretación vocal femenina de pop y mejor álbum de R&B contemporáneo. Fue el mayor número de Grammys recogidos por una artista femenina en una sola noche. Días después de encabezar el Festival de Glastonbury en Inglaterra, Beyoncé lanzó 4 (2011), una mezcla de baladas y temas de baile.

En enero de 2013 Destiny's Child se reunió para una aparición en el descanso de la Super Bowl. Al mes siguiente Beyoncé recogió un premio Grammy por el single "Love on Top". Volvió más tarde en el año con el álbum Beyoncé. En él participaron, entre otros, la escritora nigeriana Chimamanda Ngozi Adichie y la hija pequeña de la cantante, Blue Ivy. El disco se ofreció inicialmente en exclusiva en iTunes. Se promocionó como un "álbum visual", con vídeos musicales que acompañaban a cada tema. El sencillo "Drunk in Love", en el que participó Jay Z (tras eliminar el guión de su nombre), fue galardonado con varios Grammys, entre ellos el de mejor canción de R&B.

Beyoncé se centró en temas de traición y perseverancia en el álbum musicalmente variado Lemonade (2016). Concebido como otro álbum visual, debutó como un especial de televisión de HBO. Lemonade fue el sexto álbum de Beyoncé en alcanzar el primer puesto de la lista Billboard 200. Lemonade fue muy aclamado y le valió a Beyoncé dos Grammys, incluido el premio al mejor vídeo musical por la canción "Formation".

En 2018 Beyoncé y JAY-Z (tras poner las letras en mayúscula y reinstaurar el guion en su nombre) lanzaron un álbum en colaboración, Everything Is Love. La pareja ganó posteriormente un Grammy al mejor álbum urbano contemporáneo.

En 2001, Beyoncé debutó como actriz en la película para televisión Carmen: A Hip Hopera, que se emitió en la MTV. Su papel de Foxxy

Cleopatra en Austin Powers in Goldmember (2002) la convirtió en una estrella de cine. Esta actuación la llevó a participar en las películas Las tentaciones de la lucha (2003) y La pantera rosa (2006).

En 2006 Beyoncé consiguió el papel de Deena Jones en Dreamgirls, la adaptación cinematográfica del musical de Broadway de 1981 sobre un grupo de cantantes de los años 60. La actuación de Beyoncé fue nominada al Globo de Oro, y su canción "Listen" fue nominada al Oscar. Más tarde protagonizó la película Cadillac Records (2008), en la que interpretó a la cantante Etta James, y el thriller Obsessed (2009).

En la película de animación Epic (2013), Beyoncé puso la voz a una reina del bosque con aspecto de hada. Su documental Homecoming (2019), una película de conciertos que detalla su aparición en el Festival del Valle de Coachella de 2018 en California, ganó un Grammy a la mejor película musical. Beyoncé fue guionista, directora y productora ejecutiva de la película.

Beyoncé puso voz a un personaje en el remake de 2019 de El Rey León de Disney e interpretó varias canciones en la banda sonora. Ese mismo año lanzó un álbum inspirado en la película, The Lion King: The Gift. Las canciones de ese disco aparecieron después en el álbum visual Black Is King (2020), que se emitió en el servicio de streaming Disney+.

Por el sencillo "Black Parade", Beyoncé ganó el Grammy 2020 a la mejor interpretación de R&B. A principios de 2021, Beyoncé tenía un total de 28 Grammys, la mayor cantidad ganada por una artista femenina hasta la fecha.

Destacados

- Días después de una triunfante actuación como cabeza de cartel en el Festival de Glastonbury de Inglaterra, Beyoncé lanzó 4 (2011), una mezcla de baladas y temas de baile que mezclan géneros y evocan influencias que van desde las canciones de antorcha de la era Motown hasta los collages de audio de la rapera M.I.A. A principios de 2013 Destiny's Child se reunió para una aparición en el descanso de la Super Bowl y lanzó una nueva canción, "Nuclear".

- Poco después, Beyoncé recogió un Grammy por su single "Love on Top".
- El single "Drunk in Love", en el que participó Jay-Z, fue premiado con varios Grammys, entre ellos el de mejor canción de R&B.

Preguntas de investigación

---

1. ¿Por qué no hay suficiente cobertura de libros sobre los diferentes tipos de personas con talento que surgen de la vida universitaria, como usted o Beyonce?
2. ¿Qué opinas del poderoso discurso de Beyoncé en la #womensmarch?
3. Recordando cuando éramos más jóvenes, ¿cuál es la historia que siempre recuerda de una mujer fuerte en su vida?

Lady Gaga (nacida en 1986)

Cantante, compositora, actriz y once veces ganadora del Grammy.

"Lucha y empuja más fuerte por lo que crees, te sorprenderías, eres mucho más fuerte de lo que crees".

La cantante, compositora y artista estadounidense Lady Gaga es conocida por sus extravagantes trajes y sus sensuales letras. Gaga alcanzó el éxito popular con canciones como "Just Dance", "Poker Face", "Bad Romance" y "Shallow".

Stefani Joanne Angelina Germanotta nació el 28 de marzo de 1986 en Nueva York. Aprendió música a una edad temprana y ya actuaba en los escenarios de los clubes de Nueva York cuando era adolescente.

Lady Gaga estudió dos años en la Tisch School of the Arts de la Universidad de Nueva York antes de dejarla para gestionar su propia carrera. Gaga comenzó a transformarse en Lady Gaga -nombre derivado de la canción de Queen "Radio Ga Ga"- con un estilo que combinaba el glam rock y el diseño de moda exagerado.

En 2007, Lady Gaga y la artista Lady Starlight formaron una revista llamada Ultimate Pop Burlesque Rockshow. Durante ese tiempo, Lady Gaga también escribió canciones para otras artistas pop como Fergie, las Pussycat Dolls y Britney Spears. Ese mismo año, el rapero Akon e Interscope Records firmaron un contrato con Lady Gaga. Posteriormente, Lady Gaga comenzó a preparar su álbum debut The Fame (2008).

Lady Gaga se inspiró en intérpretes teatrales como David Bowie en su época de Ziggy Stardust, los New York Dolls y Freddie Mercury del grupo Queen. Sin embargo, creó un personaje que llegó a ocupar un espacio único en el mundo de la música.

Lady Gaga lució extravagantes trajes y llamativas pelucas, muchas de ellas creadas por su propia Haus of Gaga. En combinación con su música de baile sintética y su estilo de actuación, creó sonidos y efectos visuales impresionantes.

El single de 2008 de Lady Gaga "Just Dance" (de The Fame) obtuvo una nominación a los Grammy en 2009. Sin embargo, no pudo ser nominada en 2010 como mejor artista revelación. (Esta injusticia percibida hizo que la Academia de la Grabación revisara esa norma más adelante en 2010). Otros tres sencillos de The Fame - "Poker Face", "LoveGame" y "Paparazzi"- también alcanzaron el número uno. En los premios Grammy de 2010, Lady Gaga ganó el premio a la mejor grabación dance ("Poker Face") y al mejor álbum electrónico/dance.

A finales de 2009, Lady Gaga se embarcó en la gira Monster Ball, con todas las entradas agotadas, coincidiendo con el lanzamiento de su segundo álbum, The Fame Monster. Aunque el álbum solo contenía ocho canciones, tres de ellas - "Bad Romance", "Telephone" y "Alejandro"- se convirtieron en éxitos en 2010. (El álbum ganó un premio Grammy en 2011 al mejor álbum vocal pop, mientras que "Bad Romance" ganó un Grammy a la mejor vocal pop femenina y al mejor vídeo musical de corta duración).

Para consolidar su posición como una de las artistas de mayor éxito comercial en 2010, Lady Gaga actuó como cabeza de cartel en el festival de música Lollapalooza de Chicago (Illinois) y apareció ante 20.000 personas en el programa Today de la NBC.

El tercer álbum de Lady Gaga, Born This Way, apareció en 2011. Produjo las exitosas canciones "Born This Way" y "Judas". En 2013 Lady Gaga lanzó Artpop. El enérgico single principal "Applause" prolongó su cadena de éxitos en las listas de éxitos. Sin embargo, el álbum fue comercialmente decepcionante.

Lady Gaga volvió al año siguiente con Cheek to Cheek, una colección de canciones que grabó con Tony Bennett. La grabación encabezó las listas de álbumes de jazz y jazz tradicional, y obtuvo el Grammy al mejor álbum vocal de pop tradicional. En 2016 Lady Gaga lanzó el álbum Joanne. Se trata de una colección de canciones muy variadas, con toques de country, rock, dance y pop.

Lady Gaga ganó un Grammy en 2019 a la mejor interpretación pop por la canción "Joanne (Where Do You Think You're Goin'?)". Mientras tanto, en 2017 actuó en el espectáculo del descanso de la Super Bowl. Para su sexto álbum de estudio, Chromatica (2020), Lady Gaga volvió a su música anterior, mezclando música disco y electrónica-pop. Ella y Ariana Grande ganaron el premio Grammy 2020 a la mejor actuación de dúo/grupo pop por la canción "Rain on Me".

Además de grabar música, Lady Gaga hizo apariciones ocasionales como actriz. Apareció en las películas Machete Kills (2013) y Sin City: A Dame to Kill For (2014). Después interpretó a una vampiresa en la serie de televisión American Horror Story: Hotel (2015-16). Por esa actuación, recibió un premio Globo de Oro.

Lady Gaga también apareció en la sexta temporada del programa, que se emitió en 2016. En 2018, Lady Gaga interpretó a una prometedora cantautora en el remake de la película Ha nacido una estrella. Fue su primer papel protagonista, y obtuvo una nominación al Oscar a la mejor actriz por su interpretación. También fue coautora de la mayoría de las canciones de la película, muchas de las cuales interpretó con su coprotagonista y director Bradley Cooper. En 2019, el single principal, "Shallow", ganó los premios Grammy a la mejor interpretación de dúo/grupo de pop y a la mejor canción escrita para medios visuales, así como un premio de la Academia a la mejor canción original.

Lady Gaga ha cultivado un público devoto, especialmente entre los hombres homosexuales. Se ha convertido en una defensora de los derechos de los homosexuales, especialmente del matrimonio entre personas del mismo sexo.

Lady Gaga fue una de las oradoras principales en la Marcha Nacional por la Igualdad de 2009 en Washington, D.C. En 2021 cantó el himno nacional en la toma de posesión presidencial de Joe Biden.

Destacados

- Lady Gaga, de nombre Stefani Joanne Angelina Germanotta, nació en el seno de una familia italoamericana en Nueva York.
- Su segundo álbum, The Fame Monster, salió a la venta en noviembre de 2009 (fue concebido originalmente como un disco extra) y casi instantáneamente produjo otro éxito, "Bad Romance".
- El tercer álbum de Lady Gaga, Born This Way (2011), encontró que la artista se remontó a épocas musicales anteriores en busca de inspiración.
- Además de grabar música, Lady Gaga hizo apariciones ocasionales en el cine, sobre todo en Machete Kills (2013) y Sin City: A Dame to Kill For (2014). Por su actuación en la serie antológica, Lady Gaga recibió un premio Globo de Oro.
- Lady Gaga cosechó elogios de la crítica y una nominación al Oscar por su primer papel protagonista, una cándida cantautora emergente en el remake de 2018 de la película Ha nacido una estrella.

Preguntas de investigación

---

1. ¿Qué te parece la voz de Lady Gaga?

2. ¿Quiénes fueron sus principales influencias en lo que respecta a sus estilos vocales y a su actuación durante los conciertos, así como lo que le influyó en la época del lanzamiento de su álbum de debut?
3. Si pudiera hacer un viaje por carretera con cualquier artista femenina, ¿quién sería y por qué?

Céline Dion (nacida en 1968)

Cantante canadiense y uno de los artistas más vendidos de todos los tiempos

"Es el momento en que crees que no puedes, que puedes"

Después de llegar a lo más alto de las listas de éxitos en su Canadá natal como adolescente francófona, Céline Dion cautivó al público anglosajón y se convirtió en una superestrella internacional. Ganó premios de la industria musical en todo el mundo, como los Grammy y los de la Academia en Estados Unidos, los Juno y los Félix en Canadá, y los World Music en Europa. Dion consiguió ventas de discos multiplatino, conciertos con entradas agotadas y apariciones en televisión y vídeos tanto en inglés como en francés.

Céline Marie Claudette Dion nació el 30 de marzo de 1968 en Charlemagne, Quebec, Canadá. La menor de 14 hermanos, creció en un hogar muy unido y rodeado de música. Su padre tocaba el acordeón y su madre el violín. La familia solía pasar tiempo tocando y cantando juntos.

A los 5 años, Céline Dion ya había demostrado tener una voz extraordinaria. Sus primeras actuaciones en público tuvieron lugar en el piano bar y el restaurante de sus padres, donde interpretaba las canciones de la estrella del disco quebequense Ginette Reno.

Cuando Céline Dion cumplió 12 años, su familia la ayudó a preparar una cinta de demostración que enviaron a René Angélil, un conocido agente de Montreal. En cuanto escuchó su voz, quedó prendado. Angélil tomó el control total de la carrera de la joven cantante y se empeñó tanto en convertirla en una estrella que volvió a hipotecar su casa para producir su primer álbum. La pareja se casó en 1994.

La carrera de Céline Dion avanzó rápidamente. En 1982 recibió la Medalla de Oro en el Festival Mundial de la Canción Yamaha de Tokio (Japón) y dejó los estudios para dedicarse a la música a tiempo completo. En los cuatro años siguientes grabó una serie de álbumes de éxito en francés. Con su sencillo "D'Amour ou d'Amitié" (1983) se convirtió en la primera canadiense en obtener un disco de oro en Francia.

Durante la década de 1980, Céline Dion grabó en Canadá cuatro discos de platino en francés. Como ganadora del concurso de la canción de Eurovisión celebrado en Dublín (Irlanda) en 1988, Dion actuó en directo ante una audiencia televisiva de 600 millones de espectadores.

El siguiente reto de Céline Dion era pasar de ser la sensación del pop adolescente a la superestrella adulta y conquistar el mercado del pop en inglés. Por consejo de su representante, Dion se tomó un año de descanso para pulir su imagen y aprender inglés. Una nueva y sofisticada Dion reapareció y rápidamente lanzó su primer álbum en inglés, Unison (1990).

Aunque fue criticado por carecer de la pasión y la profundidad de sus grabaciones en francés, el álbum se convirtió en disco de oro en Estados Unidos, mientras que su segundo álbum en inglés, Celine Dion (1992), alcanzó el platino. Mientras tanto, tuvo dos singles de éxito en las listas de Estados Unidos: "La Bella y la Bestia" (1992), grabada con Peabo Bryson de la película animada de Disney del mismo nombre, que obtuvo un premio de la Academia y un premio Grammy, y "When I Fall in Love", la colaboración de Dion con Clive Griffin, de la exitosa película Sleepless in Seattle (1993).

Dion se esforzó por mantener su público francófono mientras escalaba las listas de éxitos del pop en Estados Unidos y Gran Bretaña. Su disco Dion Chante Plamondon (1991) se convirtió en el álbum francés más vendido en Canadá y, bajo el título Des mots qui sonnent, fue un éxito de ventas en Francia.

Posteriormente, Céline Dion publicó para sus fans franceses Celine Dion à l'Olympia (1994) y D'eux (1995), que se convirtió en el álbum francés más vendido de todos los tiempos.

El siguiente álbum en inglés de Céline Dion, The Colour of My Love (1993), y su exitoso sencillo "Think Twice" hicieron historia en la música cuando Dion se convirtió en la primera artista desde los Beatles en ocupar simultáneamente el número uno en las listas de álbumes y de sencillos en el Reino Unido.

El siguiente lanzamiento de Céline Dion, Falling into You (1996), incluía sus versiones (interpretaciones de canciones de otros artistas) de "(You Make Me Feel Like) A Natural Woman" y "All By Myself", así como "Because You Loved Me", el tema del largometraje Up Close and Personal (1996). El álbum, que fue multiplatino en todo el mundo, le valió a Dion otro premio Grammy y arrasó en los premios Juno.

Pero quizá su mayor fama se deba a la grabación de "My Heart Will Go On", el tema principal de la película Titanic de 1997. La canción ganó un premio de la Academia, encabezó las listas de éxitos en varios países y contribuyó a que las ventas de su álbum Let's Talk About Love (1997) -que también incluía duetos con Barbra Streisand y Luciano Pavarotti- se elevaran a decenas de millones.

A principios del siglo XXI, Céline Dion se tomó un descanso en su carrera para centrarse en su familia. Regresó con los álbumes A New Day Has Come (2002) y One Heart (2003), que incluían música dance pop además de su habitual música contemporánea para adultos.

Aunque los lanzamientos fueron un éxito comercial para la mayoría de los estándares, sus ventas no alcanzaron las cotas anteriores de Céline Dion. En 2003, Dion comenzó a ofrecer un espectáculo en directo en Las Vegas (Nevada), que se prolongó durante más de cuatro años, y en 2011 lanzó una segunda residencia en Las Vegas. Las últimas grabaciones de Dion incluyen los álbumes en inglés Miracle (2004) y Taking Chances (2007) y los álbumes en francés 1 fille & 4 types (2003), D'elles (2007) y Sans attendre (2012).

Céline Dion ha recibido muchos honores a lo largo de su carrera, entre ellos el de ser nombrada Compañera de la Orden de Canadá en 2008. En 2000 se publicaron sus memorias, Ma vie, mon rêve (Mi historia, mi sueño), escritas con Georges-Hébert Germain.

Destacados

- Céline Dion, cuyo nombre completo es Céline Marie Claudette Dion, es la menor de 14 hermanos criados en un pequeño pueblo cerca de Montreal, Dion comenzó a cantar con su familia de inclinación musical cuando tenía cinco años.
- Grabó numerosos álbumes de éxito tanto en francés como en inglés y recibió varios premios prestigiosos.
- A principios del siglo XXI, Dion hizo un paréntesis en su carrera para centrarse en su familia.
- Volvió con los álbumes A New Day Has Come (2002) y One Heart (2003), que coqueteaban con el pop bailable además de su habitual estilo contemporáneo para adultos.
- A pesar de que Dion ya no era la fuerza cultural dominante que había sido una década antes, en 2007 se informó de que las ventas mundiales de sus álbumes habían superado los 200 millones.

Preguntas de investigación

---

1. Aparte de la voz, ¿qué otras cualidades le hacen destacar a este artista?
2. ¿Quiénes cree que son las cantantes más emblemáticas de la historia?
3. Si pudiera elegir un solo artista para escuchar el resto de su vida, ¿quién sería?

Kate Bush (nacida en 1958)

Cantante, músico, cantautor y productor británico

"Mozart no tenía Pro Tools, pero hizo un buen trabajo".

Cantante y compositora inglesa conocida por su música imaginativa, inteligente e innovadora, Kate Bush fue una de las artistas femeninas de mayor éxito en Gran Bretaña en la década de 1980. Sus álbumes incluyen The Kick Inside, Lionheart, Hounds of Love y The Sensual World.

Nacida en Bexleyheath, Kent, Inglaterra, el 30 de julio de 1958, Catherine (Kate) Bush era la hija menor de una familia de músicos. De niña, Bush estudió violín y piano y a menudo se unía a sus padres y hermanos mayores para tocar y cantar melodías tradicionales inglesas e irlandesas en casa.

A los 14 años, Kate Bush empezó a componer su propia música y, dos años más tarde, cuando todavía era estudiante en el colegio St. Joseph's Convent, Bush grabó varias canciones y las envió a varias casas de música. En 1974 firmó un contrato con EMI Records.

El contrato con EMI ofrecía a la joven cantante un considerable adelanto y mucho tiempo para desarrollar sus habilidades antes de entrar en el estudio de grabación. Entre 1974 y 1977, Bush estudió danza y mimo y comenzó a tomar clases de canto.

En 1977, Kate Bush comenzó a grabar su primer sencillo, "Cumbres borrascosas", una canción cuya letra se basaba en la novela de Emily Brontë del mismo nombre. El sencillo se publicó en enero de 1978, y en marzo la canción había alcanzado el número uno de las listas de éxitos del pop británico. En abril lanzó su primer álbum, The Kick Inside, que vendió más de un millón de copias.

Kate Bush lanzó un segundo álbum, Lionheart, en 1978, y como parte de una enorme campaña publicitaria orquestada por EMI realizó una gira por 28 ciudades. Algunos fragmentos de la gira se publicaron como Kate Bush on Stage (1979). La gira agotó a Bush y reforzó su decisión de centrarse principalmente en la escritura y la grabación y evitar futuros eventos publicitarios.

En 1980 Kate Bush publicó su tercer álbum, Never for Ever, que incluía las exitosas canciones "Breathing" y "Babooshka". Su siguiente álbum, The Dreaming (1982), era un disco complejo y ricamente doblado, considerado por muchos como un ejemplo destacado de estilo barroco contemporáneo. El álbum, el primero que produjo íntegramente por su cuenta, fue generalmente alabado por la crítica, pero vendió relativamente pocas copias.

Después de una pausa de tres años en el estudio, Bush lanzó Hounds of Love en 1985, que estilísticamente estaba más cerca de sus álbumes anteriores. Contiene el sencillo "Running Up That Hill", que supuso un gran avance para Bush en Estados Unidos, donde se hizo con un grupo de seguidores de culto. Para el siguiente álbum de Bush, The Sensual World (1989), pasó a Columbia Records. Alcanzó el número dos en las listas de música pop británicas.

Su álbum The Red Shoes (1993) recibió críticas favorables en Gran Bretaña y Estados Unidos e incluso debutó entre los 30 primeros puestos de las listas de música pop estadounidenses. Bush rara vez apareció en concierto, aunque realizó vídeos musicales y una película, The Line, The Cross, The Curve (1993), basada en su música.

Kate Bush se tomó entonces un paréntesis de 12 años en la música. Reapareció con Aerial (2005), un disco doble que le valió algunas de las críticas más favorables de su carrera. Más tarde publicó Director's Cut (2011) -en el que regrabó canciones de The Sensual World y The Red Shoes- y 50 Words for Snow (2011).

Destacados

- Kate Bush, de nombre Catherine Bush, era la hija menor de una familia de artistas.
- Tras dirigir y protagonizar The Line, the Cross & the Curve (1993), un cortometraje con canciones de The Red Shoes, Bush se tomó un descanso de 12 años de la música.
- Reapareció con el atmosférico Aerial (2005), un disco doble impregnado de temas de domesticidad y mundo natural que le valió algunas de las críticas más favorables de su carrera.
- En 2014 Bush volvió a los escenarios por primera vez en 35 años. Sus 22 conciertos fueron espectáculos escénicos, con marionetas, ilusionistas y bailarines, y fueron seguidos por la grabación en directo de tres discos Before the Dawn (2016).
- Bush fue nombrado Comandante de la Orden del Imperio Británico (CBE) en 2013.

Preguntas de investigación

---

1. ¿Qué opinas de todas las artistas femeninas que aparecen en la lista de Billboard y que han regresado en el último año?
2. ¿Qué es lo que más le atrae cuando va a los conciertos?

3. ¿Cómo cambiaron los roles de género entre las décadas de 1920 y 1930 y las de 1950/1960, lo que provocó un cambio en lo que las artistas podían o no podían hacer en el escenario?

Aretha Franklin (1942-2018)

Cantante estadounidense y primera mujer incluida en el Salón de la Fama del Rock and Roll

"A veces, lo que buscas ya está ahí".

Aretha Franklin definió la época dorada de la música soul de los años 60. En 1987 se convirtió en la primera mujer incluida en el Salón de la Fama del Rock and Roll.

Aretha Louise Franklin nació el 25 de marzo de 1942 en Memphis, Tennessee. La madre de Aretha, Barbara, era cantante de gospel y pianista. Su padre, C.L. Franklin, presidía la iglesia baptista New Bethel de Detroit, Michigan, y era un ministro de influencia nacional. Él mismo era cantante y destacaba por sus brillantes sermones, muchos de los cuales fueron grabados por Chess Records.

Sus padres se separaron cuando ella tenía seis años y Aretha se quedó con su padre en Detroit. Su madre murió cuando Aretha tenía 10 años.

De joven, Aretha Franklin actuó con su padre en sus programas de gospel en las principales ciudades del país y fue reconocida como un prodigio vocal. Su principal influencia, Clara Ward, de los famosos Ward Singers, era una amiga de la familia. Otras grandes del gospel de la época - Albertina Walker y Jackie Verdell- ayudaron a moldear el estilo de la joven Franklin. Su álbum The Gospel Sound of Aretha Franklin (1956) recoge la electricidad de sus actuaciones cuando tenía 14 años.

A los 18 años, con la bendición de su padre, Aretha Franklin pasó de la música sacra a la profana. Se trasladó a Nueva York, donde el ejecutivo de Columbia Records John Hammond, que había contratado a Count Basie y Billie Holiday, organizó su contrato de grabación y supervisó las sesiones en las que se destacaba en una línea de blues-jazz. De esa primera sesión, "Today I Sing the Blues" (1960) sigue siendo un clásico.

Pero, mientras sus amigos de Detroit del sello Motown disfrutaban de un éxito tras otro, Aretha Franklin luchaba por conseguir un éxito transversal. Su discográfica la puso en manos de diversos productores que la dirigieron tanto a los adultos ("If Ever You Should Leave Me", 1963) como a los adolescentes ("Soulville", 1964).

Sin centrarse en ningún género en particular, Aretha Franklin cantó de todo, desde baladas de Broadway hasta rhythm and blues orientado a los jóvenes. Los críticos reconocieron su talento, pero el público se mantuvo tibio hasta 1966, cuando Franklin pasó a Atlantic Records, donde el productor Jerry Wexler le permitió esculpir su propia identidad musical.

En Atlantic, Aretha Franklin volvió a sus raíces de gospel-blues, y los resultados fueron sensacionales. "I Never Loved a Man (the Way I Love You)" (1967) fue su primer millón de ventas. Rodeada de músicos simpáticos que tocaban arreglos espontáneos y capaz de idear ella misma las voces de fondo, Franklin refinó un estilo asociado con Ray Charles -una mezcla entusiasta de gospel y rhythm and blues- y lo elevó a nuevas cotas.

Cuando una nación con mentalidad de derechos civiles prestó un mayor apoyo a la música urbana negra, Aretha Franklin fue coronada como la Reina del Soul. "Respect", su versión de 1967 de la animada composición de Otis Redding, se convirtió en un himno que operaba a nivel personal y racial. "Think" (1968), que ella misma escribió, también tuvo más de un significado.

A principios de los años 70, Aretha Franklin triunfó en el Fillmore West de San Francisco ante un público de niños de las flores y en giras relámpago por Europa y América Latina. Su regreso a la música religiosa, Amazing Grace (1972), se considera uno de los grandes álbumes de gospel de cualquier época.

A finales de la década de 1970, la música disco encogió el estilo de Aretha Franklin y erosionó su popularidad. Pero en 1982, con la ayuda del cantautor y productor Luther Vandross, volvió a la cima con una nueva discográfica, Arista, y un nuevo éxito de baile, "Jump to It", seguido de "Freeway of Love" (1985). Sus álbumes posteriores incluyen A Rose Is Still a Rose (1998), So Damn Happy (2003) y A Woman Falling Out of Love (2011).

Aretha Franklin recibió la Medalla Presidencial de la Libertad de Estados Unidos en 2005 y cantó "My Country 'Tis of Thee" en la toma de posesión del presidente Barack Obama en 2009. Murió el 16 de agosto de 2018 en Detroit.

Destacados

- A finales de los años 70, la música disco encogió el estilo de Aretha Franklin y erosionó su popularidad.
- En 1982, con la ayuda del cantautor y productor Luther Vandross, Franklin volvió a la cima con un nuevo sello, Arista, y un nuevo éxito de baile, "Jump to It", seguido de "Freeway of Love" (1985).
- En 1987, Aretha Franklin se convirtió en la primera mujer incluida en el Salón de la Fama del Rock and Roll. Además, recibió el Kennedy Center Honor en 1994, la Medalla Nacional de las Artes en 1999 y la Medalla Presidencial de la Libertad en 2005.
- En 2018 se estrenó el documental Amazing Grace, que relata su grabación del álbum de 1972.

1. ¿Quiénes son sus cantantes femeninas favoritas y por qué?
2. ¿Cuál es el conflicto que suelen abordar los artistas masculinos y cómo se compara con lo que cantan las mujeres?
3. ¿Cómo cree que es para las mujeres músicas triunfar en la industria de la música hoy en día?

Margaret Bourke-White (1904-1971)

Fotógrafa estadounidense y primera mujer autorizada a trabajar en zonas de combate

"La belleza del pasado pertenece al pasado".

Una de las innovadoras del ensayo fotográfico en el campo del fotoperiodismo fue Margaret Bourke-White. Al principio de su carrera se ganó una reputación de originalidad, y fue la primera mujer en convertirse en corresponsal de guerra acreditada durante la Segunda Guerra Mundial.

Margaret Bourke-White nació en Nueva York el 14 de junio de 1904. Se graduó en la Universidad de Cornell en 1927, habiendo estudiado también en la Universidad de Columbia, la Universidad de Michigan y la Universidad de Western Reserve.

Aunque Margaret Bourke-White tenía la intención de convertirse en bióloga, cambió sus planes tras un breve estudio de composición fotográfica en la universidad. Bourke-White comenzó su carrera profesional como fotógrafa industrial y de arquitectura en 1927. En 1929 fue contratada por el editor Henry Luce para su nueva revista, Fortune.

Margaret Bourke-White desarrolló su personal estilo fotoperiodístico mientras realizaba misiones en Alemania y la Unión Soviética. Bourke-White fue una de las cuatro primeras fotógrafas de la revista Life de Luce cuando ésta comenzó a publicarse en 1936. Su fotografía de la presa de Fort Peck apareció en la portada del primer número de la revista.

Margaret Bourke-White aportó las fotografías y su futuro marido, Erskine Caldwell, el texto para un libro documental sobre el Sur rural, "You Have Seen Their Faces", publicado en 1937. Bourke-White y Caldwell estuvieron casados de 1939 a 1942.

Con el estallido de la Segunda Guerra Mundial, Life asignó a Bourke-White la cobertura de las fuerzas armadas de Estados Unidos. De camino al norte de África, su barco de transporte fue torpedeado y hundido, pero sobrevivió para fotografiar la campaña italiana. Para cubrir el asedio a Moscú, Bourke-White fotografió el bombardeo desde la azotea de su hotel cerca del Kremlin.

La iluminación de las bengalas alemanas le sirvió para iluminar sus imágenes. Más tarde, sus fotografías de los demacrados prisioneros de los campos de concentración alemanes y de los cadáveres en las cámaras de gas asombraron al mundo.

Después de la guerra, en la India, Bourke-White realizó conmovedores retratos del líder nacionalista Mahatma Gandhi y registró la enorme migración de personas desplazadas por la división del país en India y Pakistán. En 1949 y 1950, Bourke-White cubrió los disturbios raciales y laborales en Sudáfrica. Durante la guerra de Corea, a principios de la década de 1950, Margaret Bourke-White fue asignada como corresponsal de las tropas surcoreanas.

En 1952 Margaret Bourke-White sufrió la enfermedad de Parkinson. A partir de entonces, se dedicó a escribir, aunque continuó produciendo algunos ensayos fotográficos antes de retirarse de Life en 1969. Bourke-White murió en Stamford, Connecticut, el 27 de agosto de 1971.

Destacados

- Margaret Bourke-White, cuyo nombre original es Margaret White, comenzó su carrera en 1927 como fotógrafa industrial y de arquitectura, pronto se ganó una reputación de originalidad y en 1929 el editor Henry Luce la contrató para su nueva revista Fortune.
- Tras la Segunda Guerra Mundial, Bourke-White viajó a la India para fotografiar a Mohandas Gandhi y registrar la migración masiva provocada por la división del subcontinente indio en la India hindú y el Pakistán musulmán.
- Durante la guerra de Corea trabajó como corresponsal de guerra y viajó con las tropas surcoreanas.
- Aquejada de la enfermedad de Parkinson en 1952, Bourke-White continuó fotografiando y escribiendo y publicó varios libros sobre su obra, así como su autobiografía, Portrait of Myself (1963).

Preguntas de investigación

---

1. Si tuviera que recomendar un fotógrafo famoso, vivo o muerto, ¿cuál sería?
2. ¿Desafían estas mujeres la idea de que la fotografía está dominada en gran medida por los hombres, o simplemente la ignoran por completo y se centran en su trabajo de forma más sustancial?
3. ¿Por qué las fotografías son tan importantes para que la gente se aficione o sean su forma de arte favorita?

Dorothea Lange (1895-1965)

Fotógrafo documentalista estadounidense

"La cámara es un instrumento que enseña a ver sin cámara".

Las crudas fotografías de las víctimas de la Gran Depresión de la década de 1930 realizadas por Dorothea Lange ejercieron una gran influencia en los fotógrafos documentales y periodísticos posteriores. Lange ha sido calificada como la mejor fotógrafa documental de Estados Unidos.

Dorothea Lange nació en Hoboken, Nueva Jersey, el 26 de mayo de 1895. Estudió fotografía con Clarence White, miembro de un conocido grupo de fotógrafos llamado Photo-Secession. A los 20 años, Lange decidió viajar por todo el mundo, ganando dinero a medida que iba vendiendo sus fotografías. Su dinero se agotó en San Francisco, donde Lange se estableció y abrió un estudio de retratos en 1916.

Durante la depresión, Lange fotografió a los hombres sin hogar que vagaban por las calles. Fotografías como White Angel Breadline, tomada en 1932, mostraron la desesperanza de estos hombres y recibieron el reconocimiento inmediato de los renombrados fotógrafos del Grupo f.64. Esto hizo que Lange fuera contratada por la Administración Federal de Reasentamiento (más tarde llamada Administración de Seguridad Agrícola) para llamar la atención del público sobre las condiciones de los pobres.

Sus fotografías de los trabajadores emigrantes de California, subtituladas con las propias palabras de los sujetos, fueron tan efectivas que el estado estableció campamentos para los emigrantes.

En 1939 Dorothea Lange publicó una colección de sus fotografías titulada An American Exodus: a Record of Human Erosion. Dos años más tarde recibió una beca Guggenheim, a la que renunció para registrar con su cámara la evacuación masiva de japoneses-estadounidenses en California a campos de detención tras el bombardeo de Pearl Harbor.

Tras la Segunda Guerra Mundial, Dorothea Lange realizó varios reportajes fotográficos para la revista Life. El 11 de octubre de 1965, Lange murió en San Francisco tras una larga enfermedad.

Destacados

- Dorothea Lange estudió fotografía en la Universidad de Columbia, en Nueva York, con Clarence H. White, miembro del grupo Photo-Secession.
- En 1918, Lange decidió viajar por todo el mundo, ganando dinero mientras vendía sus fotografías. Al llegar a San Francisco se le acabó el dinero, así que se instaló allí y consiguió un trabajo en un estudio fotográfico.
- Durante la Gran Depresión, Lange comenzó a fotografiar a los hombres desempleados que vagaban por las calles de San Francisco.
- La primera exposición de Lange tuvo lugar en 1934, y a partir de entonces su reputación como hábil fotógrafa documentalista quedó firmemente establecida.

Preguntas de investigación

1. ¿A qué obstáculos se enfrentan las mujeres artistas a la hora de ser tomadas en serio como artistas?
2. ¿De qué manera el arte está formado por la sociedad de la que procede y la refleja?
3. ¿Sigue habiendo estereotipos en la creación de arte, aunque sea de forma subconsciente?

Leni Riefenstahl (1902-2003)

Directora de cine, actriz, productora y fotógrafa alemana

"Me fascinaban los efectos que se podían conseguir con el montaje. La sala de montaje se convirtió en un taller de magia para mí".

El legado de la cineasta, actriz, fotógrafa y directora alemana Leni Riefenstahl se vio corrompido por su protagonismo como realizadora de Adolf Hitler. Riefenstahl fue conocida sobre todo por dos documentales que realizó durante el régimen nazi y que posteriormente fueron considerados como algunas de las piezas de propaganda más exitosas jamás realizadas.

El triunfo de la voluntad, que Hitler encargó a Riefenstahl, era un documental sobre el congreso del partido nazi de 1934 en Núremberg. El segundo, Olympia, trataba sobre los Juegos Olímpicos de verano de 1936 en Múnich. Más tarde, Leni Riefenstahl se dedicó a la fotografía, trabajando especialmente con pequeñas tribus africanas, y a la cinematografía submarina, pero nunca superó los interrogantes y la controversia que rodearon su trabajo para los nazis.

Berta Helene Amalie Riefenstahl nació el 22 de agosto de 1902 en Berlín. Leni Riefenstahl era la hija mayor de Alfred y Berta Riefenstahl. Su padre tenía una empresa de ingeniería de fontanería. Estudió en la Kunstakademie, y más tarde inició estudios serios de ballet y pintura.

La primera carrera de Leni Riefenstahl fue la de bailarina, y actuó en recitales a principios de la década de 1920 hasta que una lesión de rodilla en 1924 interrumpió su carrera como bailarina. Riefenstahl trabajó como actriz de cine durante la siguiente década, especializándose en populares películas alemanas de acción y de montaña. La primera de ellas fue La cumbre del destino (1925), dirigida por Arnold Franck.

Para interpretar los papeles de estas películas de acción, Leni Riefenstahl aprendió a esquiar y a escalar montañas. Los argumentos de algunas de estas películas eran débiles, pero las imágenes de seres humanos conquistando la naturaleza eran vívidas. Los críticos de cine posteriores afirmaron que estas películas contenían las semillas del proto-nazismo. Leni Riefenstahl, que era una belleza sensual, se convirtió en una actriz famosa y adorada en Alemania.

En 1931 creó la Leni Riefenstahl-Produktion, y en 1932 Riefenstahl escribió, dirigió, produjo y protagonizó La luz azul. La película, basada en un antiguo cuento popular italiano sobre una niña fascinada por la luz que emana de una cueva, tuvo una gran acogida.

Hitler era uno de sus admiradores y, después de ver la película, le pidió a Riefenstahl que hiciera un documental sobre el congreso del partido en Nuremberg. La luz azul fue la primera película que Leni Riefenstahl dirigió, y recibió la medalla de plata en la Bienal de Venecia de 1932.

El triunfo de la voluntad (1934) fue un documental sobre el mitin de Nuremberg durante la subida al poder de los nazis. La película fue financiada en su totalidad por el partido nazi, y Riefenstahl tuvo a más de 100 personas trabajando en ella. Recibió la medalla de oro en la Bienal de Venecia de 1937.

Leni Riefenstahl dirigió y editó la película, llenándola de una propaganda impresionante y muy eficaz, incluyendo el uso liberal de símbolos como la esvástica y las águilas en alto. En la película, Hitler aparece como un salvador, y muchas de las tomas que escanean la multitud destacan la adoración en los ojos de la gente que le observa.

Olympia, el registro de Riefenstahl de los Juegos Olímpicos de 1936, le llevó dos años completos de trabajo, desde la formación de todos sus camarógrafos hasta el montaje final. La película, que se estrenó el día del cumpleaños de Hitler, le valió a Leni Riefenstahl otra medalla de oro en la Bienal de Venecia. Décadas más tarde, algunos expertos en cine consideraron Olympia como una de las mejores películas de todos los tiempos.

Leni Riefenstahl cambió la forma de enfocar los documentales de eventos deportivos. Tenía 33 personas operando cámaras, incluyendo las que captaban las reacciones de la multitud, las que grababan los preparativos y las que filmaban los propios eventos.

Riefenstahl ató una cámara a un globo para filmar los acontecimientos desde arriba, y siguió a los corredores por la pista con la cámara. El ideal nazi de la perfección del cuerpo humano ario se refleja en la película, pero, a pesar del sesgo racial de la filosofía nazi, Leni Riefenstahl también prestó atención a los triunfos del atleta afroamericano Jesse Owens.

Después de la guerra, Leni Riefenstahl fue incluida en la lista negra. Riefenstahl fue retenida como prisionera en Austria por el ejército de los Estados Unidos y posteriormente fue encarcelada por las autoridades francesas. Los tribunales de Baden, en 1948, y de Berlín Occidental, en 1952, declararon falsas las acusaciones de que había participado en actividades políticas de apoyo al régimen nazi.

En 1956, Leni Riefenstahl realizó su primera visita a África y, en la década de 1960, ya estaba inmersa en un nuevo capítulo de su vida, fotografiando al pueblo nuba de Sudán. Sus fotografías fueron publicadas en revistas como Life, Der Stern y L'europeo.

Leni Riefenstahl vivió entre pequeñas tribus y publicó libros de fotografías, como The Last of the Nuba (1974) y People of the Kau (1976).

A los 71 años empezó a hacer fotografía submarina, publicando Coral Gardens en 1978.

A los 90 años, Riefenstahl escribió su autobiografía y participó en películas realizadas por biógrafos sobre su vida. Otras películas de Leni Riefenstahl fueron La montaña sagrada (1925), El gran salto (1927), El infierno blanco de Pitz Palu (1929), Tormentas del Mont Blanc (1930), Frenesí blanco (1931), S.O.S. Iceberg (1933) y Tiefland (1945).

Otras publicaciones de Leni Riefenstahl son Mein Afrika (1982), Memoiren (1987), Wonders Under the Water (1991), The Sieve of Time (1992) y su autobiografía, Leni Riefenstahl: A Memoir (1994).

En 1993, el director Ray Muller estrenó un documental titulado The Wonderful Horrible Life of Leni Riefenstahl. La película recibió mucha atención, y su protagonista, a sus 90 años, se mostró tan fuerte e impenitente como siempre. Algunos la aclamaron como la mejor mujer cineasta de todos los tiempos, mientras que otros la condenaron por utilizar voluntariamente su talento artístico para apoyar el régimen criminal de un dictador genocida.

Sus películas fueron elogiadas por su notable montaje, por su excelente fotografía y por sus completas y bien elegidas partituras. En 1997, la serie Biography del canal de televisión por cable A & E produjo Leni Riefenstahl: The Führer's Filmmaker. La película destacaba los acontecimientos de su vida.

Aunque Leni Riefenstahl fue absuelta por los tribunales después de la guerra y nunca fue miembro del partido nazi, Riefenstahl nunca olvidó su relación con Hitler. No se disculpó y mantuvo que su política estaba separada de su arte. Durante un viaje a Sudán en el año 2000 para visitar a los nuba, resultó herida en un accidente de helicóptero.

En 2003, Riefenstahl estrenó su primera película en 48 años. La obra, un documental titulado Impressionen Unter Wasser (Impresiones bajo el agua), era una serie de viñetas sobre la vida submarina en el océano Índico. Leni Riefenstahl falleció a la edad de 101 años el 8 de septiembre de 2003 en Poecking (Alemania).

Destacados

- Leni Riefenstahl estudió pintura y ballet en Berlín, y de 1923 a 1926 apareció en programas de danza por toda Europa.
- Riefenstahl comenzó su carrera cinematográfica como actriz de "películas de montaña" -un tipo de película alemana en la que la naturaleza, especialmente el paisaje montañoso, desempeña un papel importante- y acabó convirtiéndose en directora de este género.
- En 1931 creó una compañía, Leni Riefenstahl-Produktion, y al año siguiente escribió, dirigió, produjo y protagonizó Das blaue Licht (1932; La luz azul).
- Las películas de Riefenstahl fueron aclamadas por sus ricas partituras, por la belleza cinematográfica de las escenas del amanecer, las montañas y la vida rural alemana, y por su brillante montaje.
- Gran parte de la vida posterior de Riefenstahl se dedicó a la fotografía, y Korallengärten (1978; Jardines de coral) y Wunder unter Wasser (1990; Maravillas bajo el agua) son colecciones de sus fotografías submarinas; en 2002 se estrenó un documental sobre la vida marina, Impressionen unter Wasser (Impresiones bajo el agua).

Preguntas de investigación

---

1. ¿en qué se inspira para hacer una foto en lugar de pintar?
2. ¿Cree que su fotografía es estereotípicamente femenina o masculina?
3. ¿Quiénes son sus fotógrafas favoritas de todos los tiempos?

Käthe Kollwitz (1867-1945)

Artista alemana conocida por sus dibujos y grabados

"Si cada uno reconoce y cumple su ciclo de obligaciones, surge la autenticidad"

La artista gráfica y escultora alemana Käthe Kollwitz fue la última gran practicante del expresionismo alemán y quizá la principal artista de la protesta social del siglo XX. Kollwitz utilizó su obra para abogar por las víctimas de la injusticia social, la guerra y la inhumanidad.

Nacida el 8 de julio de 1867 en Königsberg, Prusia Oriental (actual Kaliningrado, Rusia), Käthe Schmidt creció en el seno de una familia de clase media liberal y estudió pintura en Berlín en 1884-85 y en Múnich en 1888-89.

A partir de 1890, Käthe Kollwitz se dedicó principalmente al arte gráfico, produciendo grabados, litografías, xilografías y dibujos. En 1891 se casó con Karl Kollwitz, un médico que abrió una clínica en un barrio obrero de Berlín. Allí Käthe Kollwitz conoció de primera mano las miserables condiciones de los pobres de la ciudad.

Las primeras obras importantes de Käthe Kollwitz fueron dos series separadas de grabados, tituladas Der Weberaufstand (hacia 1894-98; La revuelta de los tejedores) y Bauernkrieg (1902-08; La guerra de los campesinos). En estas obras, retrató la situación de los pobres y los oprimidos con las formas fuertemente simplificadas y acentuadas que se convirtieron en su marca.

Después de 1910, Kollwitz se dedicó durante un tiempo a la escultura. La muerte de su hijo menor en combate en 1914 la afectó profundamente, y Kollwitz expresó su dolor en otra serie de grabados sobre los temas de una madre que protege a sus hijos o una madre con un hijo muerto.

Durante muchos años, Käthe Kollwitz también trabajó en un monumento de granito, en memoria de su hijo, que representaba a su marido y a ella misma como padres afligidos. En 1932 se erigió en un cementerio de Flandes.

Käthe Kollwitz saludó con esperanza la revolución rusa de 1917 y la alemana de 1918, pero finalmente se desilusionó con el comunismo soviético. Durante los años de la República de Weimar, Kollwitz se convirtió en la primera mujer en ser elegida miembro de la Academia Prusiana de las Artes, donde de 1928 a 1933 fue directora del Estudio Maestro de Artes Gráficas.

A pesar de estos honores, Käthe Kollwitz siguió dedicándose al arte socialmente eficaz y de fácil comprensión. La llegada al poder de los nazis en Alemania en 1933 provocó la retirada de sus obras expuestas en 1934 y 1936.

La última gran serie de litografías de Käthe Kollwitz, Muerte (1934-36), trata ese tema trágico con formas cada vez más crudas y monumentales que transmiten una sensación de dramatismo. En 1940 murió el marido de Kollwitz. El querido nieto de la artista murió en combate en 1942 durante la Segunda Guerra Mundial, y el bombardeo de su casa y su estudio en 1943 destruyó gran parte de la obra de su vida.

Käthe Kollwitz murió unas semanas antes del final de la guerra en Europa, el 22 de abril de 1945. El Diario y las Cartas de Kollwitz se publicaron en 1988.

Destacados

- Käthe Kollwitz, cuyo nombre original era Käthe Schmidt, creció en una familia de clase media liberal y estudió pintura en Berlín (1884-1885) y en Múnich (1888-1889).
- Impresionada por los grabados de su compañero Max Klinger, Käthe se dedicó principalmente al arte gráfico a partir de 1890, produciendo grabados, litografías, xilografías y dibujos.
- La muerte de su hijo menor en combate en 1914 la afectó profundamente, y expresó su dolor en otro ciclo de grabados que tratan los temas de una madre que protege a sus hijos y de una madre con un hijo muerto.
- De 1924 a 1932, Kollwitz también trabajó en un monumento de granito para su hijo, que representaba a su marido y a ella misma como padres afligidos. En 1932 se erigió como monumento conmemorativo en un cementerio cerca de Ypres, Bélgica.
- La última gran serie de litografías de Kollwitz, Muerte (1934-1936), trata ese tema trágico con formas descarnadas y monumentales que transmiten una sensación de dramatismo.

Preguntas de investigación

---

1. ¿Cuál es la escultura más famosa que ha visto y quién la creó?
2. ¿Cuáles son algunas esculturas famosas que se encuentran en museos y otros lugares del mundo?
3. ¿Cuál es su obra de arte favorita de un escultor famoso?

Yayoi Kusama (nacida en 1929)

Artista contemporánea japonesa conocida por su extenso uso de los lunares

"Creo que los ojos son un motivo muy importante. Es algo que puede discernir la paz y el amor".

La artista japonesa Yayoi Kusama creó pinturas, esculturas, performances e instalaciones. Kusama trabajó en estilos como el arte pop y el minimalismo. Kusama era conocida por su extenso uso de los lunares y por sus instalaciones "infinitas".

Yayoi Kusama nació el 22 de marzo de 1929 en Matsumoto, Japón. Comenzó a pintar de niña. Más o menos al mismo tiempo, Kusama empezó a experimentar alucinaciones que a menudo incluían campos de puntos. A partir de ese momento, incorporó a menudo puntos en su arte. Yayoi Kusama tuvo poca formación artística formal. Sólo estudió arte brevemente, de 1948 a 1949, en la Escuela Especializada de Arte de la ciudad de Kioto. En 1957, Kusama se trasladó a Estados Unidos, donde se instaló en Nueva York. Antes de abandonar Japón, Yayoi Kusama destruyó muchos de sus primeros cuadros.

Los primeros trabajos de Yayoi Kusama en Nueva York incluían lo que ella llamaba pinturas de "red infinita". Consistían en una red de miles de marcas diminutas que se repetían en grandes lienzos. Las marcas llegaban hasta los bordes del lienzo, como si continuaran hasta el infinito. Esa obra pronto pasó al arte pop y a la performance.

Yayoi Kusama se convirtió en una figura central de la vanguardia neoyorquina. Su obra se expuso junto a la de artistas como Claes Oldenburg y Andy Warhol.

La repetición obsesiva siguió siendo un tema en la escultura y las instalaciones de Yayoi Kusama a principios de la década de 1960. En muchas de sus obras, cubría la superficie de los objetos. Por ejemplo, en Accumulation No. 1 (1962), cubrió un sillón con pequeñas y suaves esculturas en forma de tubo hechas de tela blanca.

Para sus instalaciones, Yayoi Kusama comenzó a experimentar con enormes espejos que daban la impresión de infinidad. Infinity Mirror Room-Phalli's Field (1965) era una sala de espejos cuyo suelo estaba cubierto por cientos de tubos rellenos de distintas longitudes que habían sido pintados con puntos rojos. Seguiría utilizando espejos en piezas posteriores.

Yayoi Kusama utilizó el arte de la performance para explorar las ideas antibélicas, antisistema y de amor libre de la época. A menudo incluía la desnudez pública en su arte escénico. En Grand Orgy to Awaken the Dead (1969), Kusama pintó puntos en los cuerpos de los participantes. Las personas participaron en una performance no autorizada en el jardín de esculturas del Museo de Arte Moderno de Nueva York. Los críticos acusaron a Yayoi Kusama de hacer una intensa autopromoción, y su obra apareció regularmente en la prensa.

Yayoi Kusama regresó a Japón en 1973. A partir de 1977, por decisión propia, vivió en un hospital psiquiátrico. Continuó produciendo arte y también escribió poesía y ficción surrealista. Entre sus obras escritas destacan The Hustlers Grotto of Christopher Street (1984) y Between Heaven and Earth (1988).

Yayoi Kusama regresó al mundo del arte internacional en 1989 con exposiciones en Nueva York y Oxford (Inglaterra). En 1993 representó a Japón en la Bienal de Venecia con una obra que incluía Mirror Room (Pumpkin). Se trataba de una instalación en la que llenaba una sala de espejos con esculturas de calabazas cubiertas con sus característicos puntos.

Los museos de Estados Unidos y Tokio (Japón) organizaron una importante retrospectiva de sus obras a finales de la década de 1990. En 2006, Yayoi Kusama recibió el premio Praemium Imperiale de pintura de la Asociación de Arte de Japón. El Museo Whitney de Arte Americano de Nueva York ofreció una importante retrospectiva de su obra en 2012. Kusama lanzó una exposición itinerante en Norteamérica en 2017. Ese año inauguró un museo dedicado a su obra en Tokio.

Destacados

- Yayoi Kusama, empleó la pintura, la escultura, la performance y las instalaciones en una variedad de estilos, incluyendo el arte pop y el minimalismo.
- A partir de 1977, por decisión propia, Kusama vivió en un hospital psiquiátrico. Siguió produciendo arte durante ese periodo y también escribió poesía y ficción surrealista, como The Hustlers Grotto of Christopher Street (1984) y Between Heaven and Earth (1988).
- Kusama regresó al mundo del arte internacional en 1989 con exposiciones en Nueva York y Oxford (Inglaterra).
- En 1993 representó a Japón en la Bienal de Venecia con una obra que incluía Mirror Room (Pumpkin), una instalación en la que llenaba una sala de espejos con esculturas de calabazas cubiertas de sus característicos puntos.
- En 2006 recibió el premio Praemium Imperiale de pintura de la Asociación de Arte de Japón.

1. Aparte de ser artista, ¿qué cree que hace falta para que una mujer tenga éxito en la profesión masculina de la escultura?
2. ¿A qué se enfrentaban las mujeres que querían ser escultoras en su época de artistas y cómo ha cambiado esto con el tiempo?
3. ¿Qué es lo que admira de este artista? ¿Hay algo que este artista haga mejor que los demás?

Katharine Hepburn (1907-2003)

Posee el récord de premios de la Academia a la mejor actriz

"Sin disciplina, no hay vida".

Katharine Hepburn, en su larga carrera teatral y cinematográfica, nunca perdió el penetrante acento yanqui de Nueva Inglaterra que enriquecía sus interpretaciones. Hepburn aportó a sus papeles una profundidad de carácter, y ocasionalmente una excentricidad, que la diferenciaba de la mayoría de las protagonistas.

Katharine Hepburn ha ganado más premios de la Academia que ningún otro intérprete, por Morning Glory (1933), Adivina quién viene a cenar (1967), El león en invierno (1968) y En el estanque dorado (1981).

Katharine Houghton Hepburn nació el 12 de mayo de 1907 en Hartford, Connecticut. Asistió al Bryn Mawr College, donde Hepburn participó en producciones teatrales. Tras su graduación en 1928, Hepburn entró en el mundo del espectáculo y tuvo un pequeño papel en Broadway en Night

Hostess. Tras sucesivas obras de teatro durante los cuatro años siguientes, su papel en The Warrior's Husband (1932) le valió un contrato cinematográfico con los estudios RKO. Su primera película, A Bill of Divorcement (1932), la consagró como estrella, y apareció en una rápida sucesión de películas, como Little Women (1933), Spitfire (1934), Sylvia Scarlett (1936), Stage Door (1937) y Bringing Up Baby (1938). Después de trabajar sobre el escenario en Jane Eyre y The Philadelphia Story, regresó a Hollywood para filmar esta última obra, que ganó el premio de los críticos de cine de Nueva York en 1940.

En 1942 Katharine Hepburn comenzó su larga asociación cinematográfica con Spencer Tracy en La mujer del año. Algunas de sus nueve películas con él fueron Sin amor (1945), Estado de la Unión (1948), La costilla de Adán (1949) y Pat y Mike (1952). Su récord de 12 nominaciones a los premios de la Academia -que se mantuvo durante más de 20 años hasta que fue superado por Meryl Streep en 2003- honró su trabajo en Alice Adams (1935), The African Queen (1951), The Rainmaker (1956) y Long Day's Journey into Night (1962), entre otras. Otras producciones teatrales fueron As You Like It y otras obras de Shakespeare en la década de 1950, Coco (1969) y West Side Waltz (1981).

Katharine Hepburn protagonizó varios telefilmes en las décadas de 1970, 1980 y 1990. La última actuación de Hepburn en la gran pantalla fue en Love Affair (1994). Hepburn murió en su casa de Old Saybrook, Connecticut, el 29 de junio de 2003.

Destacados

- Katharine Hepburn, en su totalidad Katharine Houghton Hepburn, introdujo en sus papeles una fuerza de carácter que antes se consideraba indeseable en las protagonistas de Hollywood.
- Impertérrita, Hepburn aceptó un papel escrito específicamente para ella en la comedia de Broadway de 1938 The Philadelphia Story, sobre una mujer de la alta sociedad cuyo ex marido intenta recuperarla. Fue un gran éxito y compró los derechos cinematográficos de la obra. La versión cinematográfica de 1940 - en la que volvió a trabajar con Cukor y Grant- fue un éxito comercial y de crítica, y dio un impulso a su carrera en Hollywood.

- La estatura de Katharine Hepburn aumentó al conseguir triunfos cinematográficos como La reina de África (1951), de John Huston, en la que interpretó a una misionera que escapa de las tropas alemanas con la ayuda de un capitán de barco fluvial (Humphrey Bogart), y Summertime (1955), de David Lean, una historia de amor ambientada en Venecia.
- Katharine Hepburn ganó un segundo premio de la Academia por Adivina quién viene a cenar (1967), una comedia dramática sobre el matrimonio interracial; un tercero por El león en invierno (1968), en la que Hepburn interpretó a Leonor de Aquitania; y un cuarto Oscar sin precedentes por En el estanque dorado (1981), sobre los largamente casados de Nueva Inglaterra (Hepburn y Henry Fonda).

Preguntas de investigación

---

1. ¿Qué opina de las actrices que se iniciaron mucho antes de los premios de la Academia?
2. ¿Por qué no piensa más gente en Katharine Hepburn cuando piensa en la actriz más oscarizada de la historia?
3. Si hubiera nacido en otra época, ¿tiene alguna habilidad que le hubiera llevado a una carrera premiada?

Louise Nevelson (1899-1988)

Escultora estadounidense conocida por sus piezas monumentales, monocromáticas y de madera para pared

"Cuando juntas cosas, cosas que otras personas han desechado, realmente les das vida, una vida espiritual que supera la vida para la que fueron creadas originalmente".

Louise Nevelson es conocida por sus grandes esculturas abstractas monocromáticas y sus entornos en madera y otros materiales.

Louise Berliawsky nació en Kyiv (Kiev), Rusia (actualmente Kyiv, Ucrania), el 23 de septiembre de 1899. En 1905 se trasladó con su familia desde Ucrania a Rockland, Maine. Se casó con el empresario Charles Nevelson en 1920, pero más tarde dejó a su marido y a su hijo para dedicarse a sus ambiciones artísticas. En 1929 comenzó a estudiar con Kenneth Hayes

Miller en la Art Students League de Nueva York. En 1931, Louise Nevelson estudió con Hans Hofmann en Múnich, Alemania.

La primera exposición individual de Louise Nevelson se celebró en Nueva York en 1941. Sus primeras esculturas figurativas en madera, terracota, bronce y yeso muestran una preocupación por las masas entrelazadas en forma de bloque que recuerdan a la escultura de Centroamérica (donde viajó en la década de 1940) y anticipan su estilo maduro. Fue también en la obra figurativa donde aparecieron por primera vez sus característicos objetos encontrados, como rasgos y apéndices estilizados.

Después de soportar años de pobreza y abandono por parte de la crítica, en la década de 1950 Louise Nevelson había desarrollado su estilo escultórico maduro y había comenzado a obtener un importante reconocimiento de la crítica. Para entonces, Nevelson trabajaba casi exclusivamente con formas abstractas. Se la conoce sobre todo por sus obras de esta época: cajas de madera abiertas que se apilan para formar paredes independientes. Dentro de las cajas se exponen colecciones cuidadosamente dispuestas de objetos de forma abstracta mezclados con patas de sillas, trozos de barandillas y otros objetos encontrados y piezas de bricolaje.

Las cajas y su contenido están pintados de un solo color, normalmente negro, aunque también colorea las esculturas en blanco o dorado. Estas colecciones de restos arquitectónicos y objetos vagamente reconocibles aportan una sensación de misterio y antigüedad, a la vez que consiguen tensiones entre los objetos, gracias a su habilidad para disponerlos. Muchas de estas piezas llevan títulos místicos (por ejemplo, Sky Cathedral, 1958; Silent Music II, 1964; Sky Gate-New York, 1978).

Los principales museos comenzaron a adquirir las esculturas murales de Louise Nevelson a finales de los años cincuenta. En las décadas siguientes fue reconocida como una de las escultoras más importantes de la segunda mitad del siglo XX. En 1967 se presentó la primera gran retrospectiva de su obra en el Whitney Museum of American Art de Nueva York.

Durante las décadas de 1970 y 1980, Louise Nevelson amplió la variedad de materiales utilizados en sus esculturas, incorporando objetos de aluminio, plexiglás y lucita. Nevelson murió el 17 de abril de 1988 en Nueva York.

Destacados

- En 1905 Louise Nevelson se trasladó con su familia desde Ucrania a Rockland, Maine.
- En 1929 comenzó a estudiar con Kenneth Hayes Miller en la Art Students League de Nueva York, y en 1931 estudió con Hans Hofmann en Múnich.
- La primera exposición individual de Nevelson tuvo lugar en Nueva York, en la Galería Nierendorf, en 1941.
- Sus primeras esculturas figurativas en madera, terracota, bronce y yeso (por ejemplo, Figura antigua, 1932) muestran una preocupación por las masas entrelazadas en forma de bloque que recuerdan la escultura de Centroamérica (donde viajó en la década de 1940) y anticipan su estilo maduro.
- Los principales museos empezaron a comprar las esculturas murales de Nevelson a finales de la década de 1950, y fue incluida en la histórica exposición "Sixteen Americans" del Museo de Arte Moderno de Nueva York en 1959.

Preguntas de investigación

1. ¿Qué elegirías para lucir en tu casa si tuvieras un presupuesto ilimitado para esculturas?
2. ¿Qué escultoras famosas conoce?
3. Si pudiera elegir, ¿de qué artista le gustaría recibir una clase en la escuela y por qué?

Janet Scudder (1869 - 1940)

Escultora y pintora estadounidense conocida por sus esculturas ornamentales de jardín

"No creo que los artistas deban someterse a experiencias que endurezcan la sensibilidad; sin sensibilidad no se puede hacer ninguna obra fina"

A principios del siglo XX, la escultora estadounidense Janet Scudder creó fuentes y esculturas de jardín muy populares para muchos clientes privados e instituciones públicas. Sus graciosas y divertidas creaciones solían incluir figuras de querubines regordetes y alegres.

Nacida como Netta Deweze Frazee Scudder en Terre Haute, Indiana, el 27 de octubre de 1869, adoptó el nombre de pila Janet mientras asistía a la Academia de Arte de Cincinnati. Allí estudió dibujo, anatomía y modelado y se decantó por la talla de madera como su principal interés. En 1891 se trasladó a Chicago (Illinois) y, tras un breve empleo como talladora de madera, se convirtió en asistente de estudio de Lorado Taft. Ayudó a Taft a producir esculturas para la Exposición Universal de Colombia y, en parte gracias a él, recibió encargos para crear estatuas para los edificios de Illinois e Indiana. Estudió y trabajó en París con el escultor estadounidense Frederick MacMonnies antes de establecerse en Nueva York, donde recibió su primer encargo importante: un sello para el Colegio de Abogados de Nueva York. Le siguieron otros encargos de decoración arquitectónica y medallones de retratos. Regresó a París en 1896 y, a través de MacMonnies, vendió varios de sus medallones al Museo de Luxemburgo.

Un viaje a Florencia, donde vio por primera vez obras de Donatello y Verrocchio, inspiró a Scudder a comenzar a trabajar en su Fuente de la Rana. En 1899 regresó a Nueva York, donde Stanford White y el Museo Metropolitano de Arte compraron versiones de la Fuente de la Rana. John D. Rockefeller, entre otros, le encargó más obras, lo que la convirtió en una de las escultoras estadounidenses con más éxito de la época.

Janet Scudder volvió a vivir en Francia desde 1909 hasta la Primera Guerra Mundial, cuando regresó a Estados Unidos y participó activamente en las labores de ayuda del Fondo Lafayette (que ella misma organizó), la Cruz Roja y la Asociación Cristiana de Jóvenes. Después de la guerra, regresó a su casa en Ville d'Avray, cerca de París.

En 1920 Scudder fue elegida asociada de la Academia Nacional de Diseño. En 1933 se presentó en Nueva York una exposición de sus pinturas, que fue un interés de sus últimos años. Janet Scudder abandonó Francia por última vez en 1939 y murió en Rockport, Massachusetts, el 9 de junio de 1940.

Destacados

- Janet Scudder, cuyo nombre original es Netta Deweze Frazee Scudder, estudió dibujo, anatomía y modelado y se decantó por la talla de madera como su principal interés.
- Estudió y trabajó en París con el escultor estadounidense Frederick MacMonnies antes de establecerse en Nueva York,

donde poco después recibió su primer encargo importante, la creación de un sello para el Colegio de Abogados de Nueva York.

- Janet Scudder regresó a París en 1896 y, a través de MacMonnies, vendió varios de sus medallones al Museo de Luxemburgo.
- Su autobiografía, Modelando mi vida, se publicó en 1925.

Preguntas de investigación

1. si pudiera elegir, ¿de qué artista le gustaría recibir una clase y por qué?
2. ¿Cree que hay suficientes mujeres artistas famosas en el mundo en general?
3. ¿Quién es su escultora favorita, o una artista que haya influido en muchos otros artistas?

Doris Lessing (1919 - 2013)

Escritor británico y Premio Nobel

"Lo que yo tenía que los demás no tenían era la capacidad de mantenerse".

Las novelas y relatos de la escritora británica Doris Lessing se ocupan en gran medida de las personas implicadas en las convulsiones sociales y políticas del siglo XX. La novela semiautobiográfica El cuaderno de oro (1962), en la que una escritora trata de asumir la vida de su tiempo a través de su arte, es una de sus obras más complejas y más leídas.

Doris May Lessing nació el 22 de octubre de 1919 en Kermanshah, Persia (actual Irán), donde su padre servía como capitán en el ejército británico. La familia se trasladó a una granja en Rodesia del Sur (actual Zimbabue), donde vivió desde 1924 hasta que Lessing se estableció en Inglaterra en

1949. In Pursuit of the English (1960) relata sus primeros meses en Inglaterra, y Going Home (1957) describe su reacción a Rodesia en una visita de regreso.

Doris Lessing reflexionó más sobre este tema en African Laughter: Cuatro visitas a Zimbabue (1992). Sus primeros años (hasta 1949) se relatan en Under My Skin (1994), una autobiografía.

El primer libro publicado por Doris Lessing, The Grass Is Singing (1950), trata de un granjero blanco, su esposa y su sirviente africano en Rodesia. Muchos críticos consideran su serie de novelas sobre Martha Quest -que también crece en el sur de África y se instala en Inglaterra- su obra más importante. La serie, titulada Hijos de la violencia, comprende Martha Quest (1952), Un matrimonio apropiado (1954), Una onda de la tormenta (1958), Sin salida (1965) y La ciudad de las cuatro puertas (1969).

Maestra del relato corto, Doris Lessing publicó varias colecciones, entre ellas Five (1953) y The Story of a Non-Marrying Man (1972); This Was the Old Chief's Country (1951) y The Sun Between Their Feet (1973) contienen muchos de sus relatos africanos.

Doris Lessing se pasó a la ciencia ficción en una secuencia de cinco novelas titulada Canopus in Argos: Archives (1979-83). Las novelas El diario de un buen vecino (1983) y Si los viejos pudieran... (1984) se publicaron bajo el seudónimo de Jane Somers para dramatizar los problemas de escritores desconocidos. Entre sus novelas posteriores figuran El buen terrorista (1985), El quinto hijo (1988), El amor, otra vez (1996) y Ben, en el mundo (2000). El sueño más dulce (2001) es una novela semiautobiográfica ambientada principalmente en Londres, Inglaterra, durante la década de 1960, mientras que la novela tipo parábola La hendidura (2007) considera los orígenes de la sociedad humana.

Su colección de ensayos Time Bites (2004) muestra sus amplios intereses, desde los temas de la mujer y la política hasta el sufismo. Alfred y Emily (2008) es una mezcla de ficción y memorias centrada en sus padres. Doris Lessing murió el 17 de noviembre de 2013 en Londres.

Destacados

- En sus primeros años de adulta, Doris Lessing fue una comunista activa.
- En 1994 Lessing publicó el primer volumen de una autobiografía, Under My Skin; un segundo volumen, Walking in the Shade, apareció en 1997.
- Su primer libro publicado, The Grass Is Singing (1950), trata de un granjero blanco, su mujer y su criado africano en Rodesia.
- Entre sus obras más importantes se encuentra la serie Children of Violence (1952-1969), una secuencia de cinco novelas centrada en Martha Quest, que crece en el sur de África y se instala en Inglaterra.
- Doris Lessing recibió el Premio Nobel de Literatura en 2007.

Preguntas de investigación

1. Si tuvieras una hija, una hermana o una sobrina, ¿crees que tendrían dificultades en su carrera debido a su sexo? ¿Por qué o por qué no?
2. ¿Cuál es su obra femenina independiente y creativa favorita de todos los tiempos y por qué?
3. ¿Qué escritora famosa merece más crédito en su opinión?

J. K. Rowling (nacida en 1965)

Autora británica que creó la serie de Harry Potter

"Empiezas a pensar que todo es posible si tienes suficiente valor".

J.K. Rowling cautivó la imaginación de niños y adultos por igual con su exitosa serie de libros sobre Harry Potter, un joven hechicero en formación. Los libros fueron aclamados por la crítica y muy populares, y se les atribuyó el mérito de generar un nuevo interés por la lectura entre los niños, el público al que iban dirigidos.

Joanne Rowling nació el 31 de julio de 1965 en Yate, cerca de Bristol, Inglaterra. Rowling creció en Chepstow, Gwent, Gales, donde escribió su primer cuento a los 6 años. Tras licenciarse en la Universidad de Exeter en 1986, Rowling empezó a trabajar para Amnistía Internacional en Londres. La idea de las historias de Harry Potter se le ocurrió durante un viaje en tren en 1990, y comenzó a escribir la aventura mágica mientras estaba sentada en cafés y pubs.

A principios de la década de 1990, Rowling viajó a Portugal para enseñar inglés como lengua extranjera, pero tras un breve matrimonio y el nacimiento de su hija, regresó al Reino Unido y se instaló en Edimburgo, Escocia. Viviendo de la ayuda pública entre las temporadas como profesora de francés, siguió escribiendo, a menudo en trozos de papel y servilletas.

Tras ser rechazado por varias editoriales, el primer manuscrito de Rowling fue adquirido por Bloomsbury Children's Books en 1996. Harry Potter y la piedra filosofal (1997), conocido en Estados Unidos como Harry Potter and the Sorcerer's Stone, fue un éxito inmediato. Se publicó con el nombre de J.K. Rowling. (Su editor le recomendó un seudónimo de género neutro; ella utilizó J.K., añadiendo el segundo nombre Kathleen).

Con descripciones vívidas y un argumento imaginativo, seguía las aventuras del improbable héroe Harry Potter, un huérfano solitario que descubre que en realidad es un mago y se matricula en el Colegio Hogwarts de Magia y Hechicería. El libro recibió numerosos premios, incluido el British Book Award. Los seis volúmenes siguientes -Harry Potter y la Cámara de los Secretos (1998), Harry Potter y el Prisionero de Azkaban (1999), Harry Potter y el Cáliz de Fuego (2000), Harry Potter y la Orden del Fénix (2003), Harry Potter y el Príncipe Mestizo (2005) y Harry Potter y las Reliquias de la Muerte (2007)- también fueron éxitos de ventas, disponibles en más de 200 países y en unos 60 idiomas.

Rowling escribió los libros complementarios Fantastic Beasts & Where to Find Them y Quidditch Through the Ages (ambos de 2001) y The Tales of Beedle the Bard (2008), cuyos beneficios se destinaron a la beneficencia.

La película basada en el primer libro de Harry Potter, estrenada en noviembre de 2001, batió récords de recaudación en el primer fin de semana tanto en el Reino Unido como en Norteamérica. Le siguieron una serie de secuelas. Posteriormente, Rowling coescribió una historia que se convirtió en la base de la obra de teatro Harry Potter y el niño maldito, estrenada en 2016 y que fue un éxito comercial y de crítica. En 2016 se publicó una versión en libro del guión, que se anunció como la octava historia de la serie de Harry Potter.

Después de terminar la serie de Harry Potter, Rowling comenzó a escribir ficción destinada a los adultos. En 2012 Rowling publicó The Casual Vacancy, una sátira social contemporánea ambientada en una pequeña ciudad inglesa. Al año siguiente se reveló que la autora había escrito la novela negra The Cuckoo's Calling, utilizando el seudónimo de Robert Galbraith. El libro se centraba en el detective Cormoran Strike, un veterano de guerra venido a menos. El gusano de seda, el segundo libro de la serie, se publicó en 2014. El tercer libro de la serie, La carrera del mal, se publicó al año siguiente.

Rowling fue nombrada Oficial del Imperio Británico en 2001. En 2009 fue nombrada Caballero de la Legión de Honor francesa.

Destacados

- Tras licenciarse en la Universidad de Exeter en 1986, Rowling comenzó a trabajar para Amnistía Internacional en Londres, donde empezó a escribir las aventuras de Harry Potter.
- El primer libro de la serie de Harry Potter, Harry Potter y la piedra filosofal (1997; también publicado como Harry Potter y la piedra filosofal), se publicó bajo el nombre de J.K. Rowling.
- En 2016 se publicó una versión en libro del guión, que se anunció como la octava historia de la serie de Harry Potter.
- En mayo de 2020, durante la pandemia de COVID-19, Rowling comenzó a publicar gratuitamente en Internet un nuevo libro para niños, The Ickabog, que luego se publicó en noviembre.

Preguntas de investigación

1. ¿Qué libros recomendaría?
2. ¿Cómo cree que el mundo moderno influye en los artistas?

3. Cuáles son algunas películas recientes con actrices que desempeñaron papeles destacados como creativas en el centro (escritoras, pintoras, músicas...)

Margaret Atwood (nacida en 1939)

Escritor canadiense

"La voz es un don humano; hay que cuidarla y utilizarla, para pronunciar un discurso lo más humano posible. La impotencia y el silencio van juntos".

La poetisa, novelista y cuentista canadiense Margaret Atwood destacó por su prosa de ficción. Aportó una perspectiva feminista a gran parte de su obra.

Margaret Eleanor Atwood nació el 18 de noviembre de 1939 en Ottawa, Ontario, Canadá. Mientras crecía, vivió en Toronto, Ontario, pero pasó mucho tiempo en las tierras salvajes del lejano norte de Canadá, donde su padre, entomólogo, realizaba investigaciones.

Margaret Atwood comenzó a escribir a los cinco años y retomó sus esfuerzos, más seriamente, una década después. Tras completar sus estudios universitarios en el Victoria College de la Universidad de Toronto,

Atwood obtuvo un máster en literatura inglesa en el Radcliffe College de Massachusetts en 1962.

Margaret Atwood es quizá más conocida por sus novelas, que suelen incorporar la inversión de roles y los nuevos comienzos. Una de sus obras más populares es The Handmaid's Tale (1985). El libro se construye en torno al registro escrito de una mujer que vive en esclavitud sexual en una teocracia cristiana represiva del futuro que se ha hecho con el poder a raíz de un levantamiento ecológico. The Handmaid's Tale fue llevada al cine en 1990 y a la ópera en 2000. Atwood coescribió una serie de televisión basada en la novela. Se estrenó en 2017. También es popular El asesino ciego (2000), que ganó el prestigioso Premio Booker de Gran Bretaña. La historia se centra en las memorias de una anciana canadiense que parece escribir para librarse de la confusión tanto del suicidio de su hermana como de su propio papel en la publicación póstuma de una novela supuestamente escrita por su hermana.

Otras novelas de Margaret Atwood son la surrealista La mujer comestible (1969), Surfacing (1972; película 1981), Lady Oracle (1976), Cat's Eye (1988) y The Robber Bride (1993; película para televisión 2007). Alias Grace (1996) es un relato ficticio de una chica canadiense de la vida real que fue condenada por dos asesinatos en un juicio sensacionalista de 1843.

Margaret Atwood y Sarah Polley escribieron una miniserie de televisión basada en el libro, que se emitió en 2017. La novela de Atwood de 2005, La Penélope: El mito de Penélope y Odiseo, se inspiró en la Odisea de Homero.

Margaret Atwood también produjo una trilogía distópica. En Oryx y Crake (2003), describe un apocalipsis inducido por una plaga en un futuro próximo a través de las observaciones y los recuerdos de la que quizá sea la única superviviente del suceso. Personajes menores de ese libro vuelven a contar la historia distópica desde sus perspectivas en El año del diluvio (2009).

Margaret Atwood continuó la historia con MaddAddam (2013), la última novela de la trilogía. Publicó originalmente la novela El corazón es lo último (2015) como libro electrónico por entregas en 2012-13. El libro imagina una América distópica en la que una pareja se ve obligada a unirse a una comunidad que funciona como una prisión. Hag-Seed (2016) recrea La tempestad de William Shakespeare.

Margaret Atwood publicó The Testaments, una secuela de The Handmaid's Tale, en 2019. Compartió el Premio Booker por Los testamentos (junto con Bernardine Evaristo por Chica, mujer, otra), convirtiéndose en la cuarta persona en ganar el premio dos veces.

Entre los poemarios de Margaret Atwood se encuentran The Animals in That Country (1968), Two-Headed Poems (1978), Interlunar (1984), Morning in the Burned House (1995) y The Door (2007). Sus cuentos aparecen en volúmenes como Dancing Girls (1977), Bluebeard's Egg (1983), Wilderness Tips (1991), Moral Disorder (2006) y Stone Mattress (2014). Entre las obras de no ficción de Atwood figuran Negotiating with the Dead: A Writer on Writing (2002) Payback (2008; película 2012) es un ensayo sobre la deuda personal y gubernamental. En la obra In Other Worlds: SF and the Human Imagination (2011), Atwood ilumina su relación con la ciencia ficción.

Entre sus libros infantiles destacan Up in the Tree (1978), Princess Prunella and the Purple Peanut (1995) y Wandering Wenda and Widow Wallop's Wunderground Washery (2011).

Margaret Atwood también escribió el libreto de la ópera Pauline -sobre la poetisa indígena canadiense Pauline Johnson- que se estrenó en Canadá en 2014.

Además de escribir, Margaret Atwood enseñó literatura inglesa en varias universidades canadienses y estadounidenses. Atwood obtuvo muchos honores y premios a lo largo de su carrera como escritora.

Destacados

- En los primeros poemarios de Margaret Atwood, Double Persephone (1961), The Circle Game (1964, revisado en 1966) y The Animals in That Country (1968), Atwood reflexiona sobre el comportamiento humano, celebra el mundo natural y condena el materialismo.

- En 2019 se publicó The Testaments, una secuela de The Handmaid's Tale, con gran éxito de crítica y fue coequiper (con Girl, Woman, Other, de Bernardine Evaristo) del Premio Booker.
- Entre sus obras de no ficción destacan Negotiating with the Dead: A Writer on Writing (2002), que surgió de una serie de conferencias que impartió en la Universidad de Cambridge; Payback (2008; película 2012), un apasionado ensayo que trata la deuda -tanto personal como gubernamental- como una cuestión cultural más que política o económica; y In Other Worlds: SF and the Human Imagination (2011), en el que ilumina su relación con la ciencia ficción.
- Ganó el Premio PEN Pinter en 2016 por el espíritu de activismo político que enhebra su vida y sus obras.

Preguntas de investigación

---

1. ¿Qué otras escritoras famosas ha leído o ha oído hablar de ellas, y en qué género escriben?
2. Si pudiera conocer a una mujer artista, ¿cuál elegiría? ¿Por qué a ella?
3. ¿Ha leído algún libro que tenga como protagonista a una escritora y/o que se centre en temas relacionados con los derechos de la mujer? En caso afirmativo, ¿qué opina de estos temas?

Agatha Christie (1890-1976)

Novelista y dramaturgo inglés de novelas policíacas

"Lo imposible no podría haber ocurrido, por lo tanto lo imposible debe ser posible a pesar de las apariencias".

La mayoría de las aproximadamente 75 novelas de detectives inglesas de Agatha Christie se convirtieron en best-sellers; traducidas a 100 idiomas, han vendido más de 100 millones de ejemplares.

Christie nació como Agatha Miller el 15 de septiembre de 1890 en Devon, Inglaterra. La publicación de su primera novela, The Mysterious Affair at Styles (1920), dio a conocer al mundo a Hércules Poirot, uno de los nombres más famosos de la ficción detectivesca. Su otra famosa detective, Miss Jane Marple, apareció por primera vez en Asesinato en la vicaría (1930). Entre sus obras se encuentran La ratonera (1952), que batió el récord mundial de permanencia en cartelera, y Testigo de cargo (1953; película, 1958).

Su matrimonio de 1914 con el coronel Archibald Christie terminó en divorcio en 1928. En 1930 Agatha Christie se casó con el arqueólogo Sir Max Mallowan. Christie fue creada Dama del Imperio Británico en 1971. Agatha Christie murió en Wallingford, Oxfordshire, el 12 de enero de 1976.

Destacados

- Agatha Christie, en su totalidad Dame Agatha Mary Clarissa Christie, de soltera Miller, fue educada en casa por su madre.
- Christie comenzó a escribir ficción detectivesca mientras trabajaba como enfermera durante la Primera Guerra Mundial. Su primera novela, The Mysterious Affair at Styles (1920), presentó a Hércules Poirot, su excéntrico y egoísta detective belga; Poirot reapareció en unas 25 novelas y muchos relatos cortos antes de volver a Styles, donde, en Curtain (1975), murió.
- El primer gran reconocimiento de Christie llegó con El asesinato de Roger Ackroyd (1926), a la que siguieron unas 75 novelas que solían figurar en las listas de best-sellers y se publicaban por entregas en revistas populares de Inglaterra y Estados Unidos.
- Otras adaptaciones cinematográficas notables fueron Y entonces no hubo ninguno (1939; película 1945), Asesinato en el Expreso de Oriente (1933; película 1974 y 2017), Muerte en el Nilo (1937; película 1978), y El espejo roto de lado a lado (1952; película [El espejo roto] 1980).

Preguntas de investigación

1. ¿Le hubiera gustado ver más de su historia en las películas y juegos que se hicieron sobre su vida y obra?

2. Además de escribir, ¿qué otras contribuciones culturales cree que ha hecho a la sociedad, por ejemplo como artista?
3. Si estuviera varado en una isla desierta, ¿qué mujer querría tener a su lado?

Alexandra Danilova (1903-1997)

Bailarina rusa conocida por su vivacidad y talento teatral

La primera bailarina rusa Alexandra Danilova aportó al ballet estadounidense la formación y las tradiciones de los repertorios clásico ruso y moderno de Sergei Diaghilev. Su encanto y versatilidad la convirtieron en una de las bailarinas más célebres de los años 30 y 40. Tras retirarse como bailarina, Danilova se convirtió en una influyente profesora y también puso en escena ballets.

Alexandra Dionisyevna Danilova nació el 20 de noviembre de 1903 en Peterhof (actual Petrodvorets), Rusia. Asistió a la Escuela de Ballet Imperial (más tarde Estatal) de Petrogrado (actual San Petersburgo), donde Danilova estudió con Agrippina Vaganova.

Alexandra Danilova se graduó en el cuerpo de baile del Ballet Estatal Soviético y se convirtió en solista del Ballet Mariinsky (Kirov) en 1922-23. En 1924 visitó Europa Occidental con un pequeño grupo de ballet dirigido por George Balanchine. Todo el grupo se unió a los Ballets Rusos de

Diaghilev y nunca regresó a Rusia. Alexandra Danilova no tardó en destacar en la compañía de Diaghilev, creando papeles principales en Apollon Musagète, La Pastorale y El triunfo de Neptuno.

Tras la muerte de Diaghilev en 1929, Danilova se incorporó al Ballet de la Ópera de Montecarlo, y en 1931-32 actuó en la opereta Valses de Viena en Londres. En 1933 se incorporó al Ballet Ruso de Montecarlo del coronel Wassily de Basil, y ese mismo año debutó en Estados Unidos y realizó numerosas giras.

En 1938, Alexandra Danilova dejó la compañía de Basil para convertirse en bailarina principal del Ballet Russe de Montecarlo de Léonide Massine y Serge Denham, donde a menudo bailaba con Frederic Franklin. Danilova actuó como artista invitada en varias compañías de ballet, incluido el Sadler's Wells Ballet.

Con su propia compañía, Alexandra Danilova realizó giras por Estados Unidos, Canadá, Japón, Filipinas y Sudáfrica entre 1954 y 1956. Destacó tanto por su amplio repertorio, que abarcaba desde papeles románticos hasta abstractos de Balanchine, como por la individualidad de sus caracterizaciones, en particular la bailarina callejera de Le Beau Danube, la vendedora de guantes de Gaîté Parisienne, Odette de El lago de los cisnes y Swanilda de Coppélia.

Tras su retirada de las actuaciones en 1957, Danilova impartió clases, realizó giras de conferencias y apareció en comedias musicales como ¡Oh, capitán! (1958). Danilova desempeñó un pequeño pero importante papel en la película The Turning Point (1977). Como miembro del profesorado de la School of American Ballet desde 1964 hasta 1989, defendió las tradiciones del ballet clásico, ayudando a integrarlas en los nuevos estilos de ballet que se estaban desarrollando.

Alexandra Danilova escenificó extractos de ballets clásicos para los talleres anuales de la escuela y puso en escena, con Balanchine, la Coppélia completa para el New York City Ballet en 1974-75. Danilova también representó ballets para otras compañías, como la Ópera Metropolitana y La Scala de Milán. Murió el 13 de julio de 1997 en Nueva York.

Destacados

- Alexandra Danilova asistió a las escuelas de ballet imperial ruso y estatal soviético de Leningrado, donde estudió con Agrippina Vaganova y llegó a ser solista en el Teatro Mariinsky (antiguo Kirov).
- Danilova actuó como artista invitada con varias compañías de ballet, entre ellas el Sadler's Wells Ballet, y con su propia compañía (Great Moments of Ballet, 1954-56) realizó giras por Japón, Filipinas y Sudáfrica.
- Alexandra Danilova destacó tanto por su amplio repertorio, que abarca desde papeles románticos hasta abstractos de Balanchine, como por la individualidad de sus caracterizaciones, en particular la bailarina callejera de Le Beau Danube, la vendedora de guantes de Gaîté Parisienne, Odette de El lago de los cisnes y Swanilda de Coppélia.
- También actuó en comedias musicales (Oh Captain!, 1958), dio clases y realizó giras de conferencias.
- Alexandra Danilova desempeñó un pequeño pero importante papel en la película The Turning Point (1977).

Preguntas de investigación

1. ¿Cuáles son algunas de sus coreógrafas y bailarinas favoritas a las que admirar?
2. ¿Qué significa ser mujer en el ámbito de la danza, en 2021?
3. ¿Qué es lo más difícil de ser bailarín?
4. ¿Cuánto tiempo cree que se necesita para aprender el arte de la danza, concretamente el ballet?

Misty Copeland (nacida en 1982)

Primera bailarina afroamericana en convertirse en bailarina principal del American Ballet Theatre

"Saber que nunca se ha hecho antes me hace querer luchar aún más".

Misty Copeland se convirtió en 2015 en la primera bailarina principal afroamericana del American Ballet Theatre (ABT). Su inspiradora historia la convirtió en un modelo a seguir para innumerables jóvenes.

Misty Copeland nació el 10 de septiembre de 1982 en Kansas City, Missouri. Cuando era joven se trasladó con su madre y sus hermanos a San Pedro, California. Allí se unió al equipo de ejercicios de su escuela secundaria. El entrenador del equipo se fijó en su talento y le recomendó que asistiera a las clases de ballet que impartía Cynthia Bradley en el Boys & Girls Club local. Bradley reconoció rápidamente la habilidad natural de Copeland, y Misty Copeland empezó a tomar clases con Bradley en la Escuela de Ballet de San Pedro.

Cuando su entrenamiento se hizo más intensivo, Misty Copeland se mudó con Bradley y su familia para estar más cerca del estudio. En 1998, a los 15 años, Misty Copeland ganó el primer premio en la categoría de ballet del Music Center Spotlight Awards de Los Ángeles. Ese verano, Copeland fue aceptada con una beca completa en el programa intensivo de verano del Ballet de San Francisco.

En 1998 se produjo una batalla por la custodia entre los Bradley y la madre de Copeland. Misty Copeland volvió a vivir con su familia y empezó a asistir al instituto de San Pedro. Siguió estudiando ballet en el Lauridsen Ballet Centre de Torrance, California.

En el año 2000, Misty Copeland obtuvo otra beca completa, esta vez para el programa de verano de la ABT. Ese año también fue nombrada Becaria Nacional Coca-Cola del ABT. Al final del verano, Copeland fue invitada a formar parte de la compañía de estudio del ABT, un programa selectivo para jóvenes bailarines aún en formación. En 2001 pasó a formar parte de la compañía de ballet del ABT, siendo la única mujer afroamericana en un grupo de 80 bailarines.

En 2007, Misty Copeland se convirtió en la primera solista afroamericana de la compañía en dos décadas (Anne Benna Sims y Nora Kimball la precedieron). Copeland tuvo papeles notables en El pájaro de fuego (2012), Le Corsaire (2013), Coppélia (2014) y El lago de los cisnes (2014). En 2015, el ABT la eligió para ser la primera bailarina principal negra en los 75 años de historia de la compañía.

Con su éxito en el ballet, Misty Copeland comenzó a actuar en otros escenarios. En 2015 debutó en Broadway en el musical On the Town de Leonard Bernstein. En 2018 debutó en el cine interpretando a la princesa bailarina en El cascanueces y los cuatro reinos, una adaptación del ballet del siglo XIX de Piotr Illyich Tchaikovsky.

Misty Copeland también ocupó su tiempo con otras actividades. En 2009 apareció en un vídeo musical para la canción "Crimson and Clover" de

Prince. Al año siguiente actuó en directo con él en su gira. Copeland se convirtió en una firme defensora de la diversificación del campo del ballet y de la creación de acceso para bailarines de diferentes orígenes raciales y económicos.

Misty Copeland formó parte del comité asesor del programa del ABT que ofrece formación y tutoría a profesores de danza en comunidades de diversidad racial de todo el país, así como en los Boys & Girls Clubs. A medida que crecía su popularidad, Copeland empezó a promocionar productos. Copeland publicó las memorias Life in Motion: An Unlikely Ballerina en 2014.

Destacados

- La inspiradora historia de Misty Copeland la convirtió en un modelo a seguir y en un icono del pop.
- Copeland se convirtió en una firme defensora de la diversificación del campo del ballet y de la creación de un acceso para bailarines de diferentes orígenes raciales y económicos.
- Misty Copeland formó parte del comité asesor del Proyecto Plié del ABT, un programa (iniciado en 2013) que ofrece formación y tutoría a profesores de danza en comunidades racialmente diversas de todo el país, así como en los Boys & Girls Clubs.
- Publicó las memorias Life in Motion: An Unlikely Ballerina (2014) y ha colaborado con empresas como Coach (accesorios de cuero) y Under Armour (ropa deportiva).
- En agosto de ese año, Copeland debutó en Broadway con el papel de Ivy Smith en el musical On the Town, de Leonard Bernstein.

Preguntas de investigación

---

1. ¿Cuáles son los aspectos positivos de ser bailarín?
2. Si pudiera cambiar una cosa de la danza, ¿qué sería y por qué?
3. ¿Tiene algún coreógrafo o estrella favorita que le inspire a dar a conocer su forma de arte a los demás y a probar cosas nuevas en términos de creatividad?

Josephine Baker (1906 - 1975)

Bailarina francesa nacida en Estados Unidos, famosa por sus actuaciones teatrales

"Debes obtener una educación. Debes ir a la escuela, y debes aprender a protegerte. Y debes aprender a protegerte con la pluma, y no con la pistola".

Josephine Baker, una personalidad vibrante que vivía su vida con tanta pasión como actuaba en el escenario, la primera diva de la danza popular moderna, cuyas producciones rebosaban de sexualidad y exuberancia física como nunca antes, cautivó al público europeo en las décadas de 1920 y 1930 e influyó en generaciones de intérpretes que viajaron a Europa.

Freda Josephine nació en un gueto de San Luis, Missouri, el 3 de junio de 1906, hija de Carrie McDonald y Eddie Carson. Sus padres eran solteros, y su padre, un músico local, pronto abandonó a la familia. Josephine y su familia vivían en la extrema pobreza, y ella dejó la escuela a los 8 años para trabajar para ganarse la vida.

Antes de cumplir los 14 años, Josephine había abandonado el hogar familiar y se había casado con su primer marido, Willie Wells. La impulsiva unión pronto terminó cuando se unió a un espectáculo de vodevil ambulante. La ocupación resultó ser más rigurosa que glamurosa, pero Josephine aprovechó el hecho de trabajar con animadores experimentados para desarrollar sus habilidades de baile.

En 1921, la compañía llegó a Filadelfia, Pensilvania, donde Josephine conoció y se casó con su segundo marido, William Howard Baker. Josephine Baker tenía 15 años.

En 1925, Baker estaba actuando en varias producciones teatrales en la ciudad de Nueva York cuando se unió a la compañía Revue Nègre, formada exclusivamente por negros, que iba a actuar en París, Francia. La Revue Nègre se estrenó el 2 de octubre de 1925 en el Théâtre des Champs-Elysées. El número de baile exótico y semidesnudo de Baker electrizó al desprevenido público francés.

Josephine Baker pronto se convirtió en el furor de París, y sus actuaciones posteriores -caracterizadas por trajes reveladores, bailes desinhibidos y sensuales canciones de jazz- se presentaban regularmente en afamados clubes nocturnos como el Folies-Bergère y el más exclusivo Casino de París. Artistas y escritores como Pablo Picasso, Langston Hughes y Ernest Hemingway elogiaron su belleza, gracia y magnetismo físico.

Para muchos espectadores, Josephine Baker (apodada la "Venus negra") y sus arriesgadas actuaciones llegaron a simbolizar lo que los europeos percibían como el primitivismo exótico de África.

Tras su éxito inicial, Josephine Baker rodó varias películas en Francia y poco después se embarcó en una larga gira por Europa y Sudamérica. Su fama creció en todo el mundo, pero ella anhelaba ampliar su rango de actuación más allá de los bailes exóticos, y trabajó incansablemente para pulir sus habilidades de canto y baile.

Los primeros años de la década de 1930 fueron los más productivos. Su forma de cantar mejoró notablemente y Josephine Baker publicó una docena de discos entre 1931 y 1935. Baker también apareció en las películas aclamadas por la crítica ZouZou (1934) y Princess Tam-Tam (1935).

Josephine Baker perfeccionó continuamente su actuación en el escenario y llegó a actuar en solitario en sus propios espectáculos. Aunque las apariciones de Baker en el escenario y en público todavía se distinguían por los elaborados trajes y el comportamiento escandaloso que caracterizaban sus espectáculos en la década de 1920, Baker se ganó el respeto de la comunidad artística europea y se convirtió en un auténtico icono cultural francés.

Josephine Baker regresó a Estados Unidos en 1935. A pesar de toda su fama en el extranjero, fue incapaz de captar el mismo tipo de adulación crítica y pública en el país racialmente segregado donde nació. A diferencia de muchos artistas negros de su época, Baker se negó a sufrir la indignidad de la segregación en silencio, y su franqueza la hizo más polémica que popular. Aunque hizo repetidos viajes a Estados Unidos durante su carrera, Baker nunca se planteó seriamente un regreso permanente.

Josephine Baker no sufrió el mismo nivel de discriminación y prejuicios raciales en Francia, y cuando se casó con un próspero francés en 1937 (se divorciaron en 1942), se convirtió gustosamente en ciudadana francesa. Al estallar la Segunda Guerra Mundial, Baker, cuya condición de artista le permitía viajar por Europa con más libertad que la mayoría, sirvió a su nuevo país como espía de la Resistencia francesa.

Josephine Baker se instaló en Marruecos durante la ocupación alemana, y a menudo entretuvo a las tropas aliadas en el norte de África. Tras la guerra, recibió la Medalla de la Resistencia y la Legión de Honor en reconocimiento a sus esfuerzos patrióticos en la guerra.

Josephine Baker siguió actuando después de la guerra, pero también se dedicó cada vez más a actividades humanitarias. Trabajó como activista de los derechos civiles tanto en Europa como en Estados Unidos.

Estableció una finca en Les Milandes, su castillo del siglo XV, con la intención de crear una comunidad ideal para niños de diferentes etnias.

Josephine Baker se casó con el director de orquesta Jo Bouillon en 1947, y la pareja realizó una gira por Estados Unidos en 1948 y en 1951. Durante las giras, Baker atrajo mucha atención pública negativa por su postura contra la segregación. Se negó a actuar en lugares segregados, y consiguió forzar la integración de varios teatros y clubes nocturnos.

Entre 1954 y 1965, Josephine Baker adoptó 12 niños de diferentes orígenes étnicos y nacionalidades. En 1956 se retiró del mundo del espectáculo para cuidar de su creciente prole, pero se vio obligada a volver en 1959 para mantener su patrimonio económicamente. Además del trabajo y la familia, siguió participando activamente en el movimiento por los derechos civiles, y regresó a Estados Unidos para hablar en la Marcha de Washington de 1963 y ofrecer numerosas actuaciones benéficas.

Los últimos años de Josephine Baker estuvieron plagados de dificultades financieras y mala salud. Sufrió su primer ataque al corazón mientras actuaba en Dinamarca en 1964. En 1969, Les Milandes fue embargado para pagar sus deudas, y la posterior venta del castillo y su mobiliario le reportó muy poco dinero.

Para mantener a su familia, Josephine Baker volvió a actuar en 1973, lo que culminó con una exitosa actuación en el Carnegie Hall de Nueva York. Ese mismo año actuaba en Dinamarca cuando Baker sufrió su segundo ataque al corazón y su primer derrame cerebral.

En abril de 1975, Josephine Baker regresó a París para el estreno de "Josephine", una producción teatral basada en su vida. Al día siguiente de asistir a una celebración en honor al 50º aniversario de su debut en París, sufrió una hemorragia cerebral masiva y murió sin recuperar la conciencia el 12 de abril de 1975.

Su funeral de Estado, televisado, atrajo a 20.000 personas. Josephine Baker fue la única mujer estadounidense que recibió una salva oficial de veintiún cañonazos por parte del gobierno francés. Tras el funeral público en París, Baker fue enterrada en un cementerio de Mónaco.

Destacados

- Entre los 8 y los 10 años, Josephine Baker no iba a la escuela y ayudaba a mantener a su familia. De niña, Baker desarrolló un gusto por lo extravagante que más tarde la haría famosa.
- En 1923, Baker se unió al coro de una compañía de carretera que representaba la comedia musical Shuffle Along y luego se trasladó a la ciudad de Nueva York, donde avanzó de forma constante en el espectáculo Chocolate Dandies en Broadway y en el espectáculo de pista del Plantation Club.
- En 1925, Baker viajó a París para bailar en el Théâtre des Champs-Élysées en La Revue Nègre e introdujo su danza salvaje en Francia.
- Josephine Baker cantó profesionalmente por primera vez en 1930, debutó en la pantalla como cantante cuatro años más tarde en Zouzou, e hizo varias películas más antes de que la Segunda Guerra Mundial frenara su carrera.
- Su vida fue dramatizada en la película para televisión The Josephine Baker Story (1991) y se presentó en el documental Joséphine Baker.

Preguntas de investigación

---

1. ¿Baila a menudo para divertirse o no lo hace, y por qué?
2. ¿Cuál es su canción o rutina de baile favorita que haya hecho una bailarina famosa?
3. ¿Cuáles son los beneficios de ver espectáculos de danza?
4. ¿Hay algún libro que haya leído que le haya inspirado a aprender más sobre la danza?

Tu regalo

Tienes un libro en tus manos.

No es un libro cualquiera, es un libro de Student Press Books. Escribimos sobre héroes negros, mujeres empoderadas, mitología, filosofía, historia y otros temas interesantes.

Ya que has comprado un libro, queremos que tengas otro gratis.

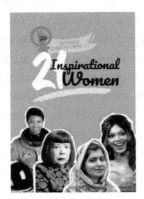

Todo lo que necesita es una dirección de correo electrónico y la posibilidad de suscribirse a nuestro boletín (lo que significa que puede darse de baja en cualquier momento).

¿A qué espera? Suscríbase hoy mismo y reclame su libro gratuito al instante. Todo lo que tiene que hacer es visitar el siguiente enlace e introducir su dirección de correo electrónico. Se le enviará el enlace para descargar la versión en PDF del libro inmediatamente para que pueda leerlo sin conexión en cualquier momento.

Y no te preocupes: no hay trampas ni cargos ocultos; sólo un regalo a la vieja usanza por parte de Student Press Books.

Visite este enlace ahora mismo y suscríbase para recibir un ejemplar gratuito de uno de nuestros libros.

Link: https://campsite.bio/studentpressbooks

Libros

Nuestros libros están disponibles en las principales librerías online. Descubra los paquetes digitales de nuestros libros aquí: https://payhip.com/studentPressBooksES

La serie de libros sobre la historia de la raza negra.

Bienvenido a la serie de libros sobre la historia de la raza negra. Conozca los modelos de conducta de los negros con estas inspiradoras biografías de pioneros de América, África y Europa. Todos sabemos que la Historia de la raza negra es importante, pero puede ser difícil encontrar buenos recursos.

Muchos de nosotros estamos familiarizados con los sospechosos habituales de la cultura popular y los libros de historia, pero estos libros también presentan a héroes y heroínas afroamericanas menos conocidos de todo el mundo cuyas historias merecen ser contadas. Estos libros de biografías te ayudarán a comprender mejor cómo el sufrimiento y las acciones de las personas han dado forma a sus países y comunidades marcando a las futuras generaciones.

Títulos disponibles:

1. 21 líderes afroamericanos inspiradores: Las vidas de grandes triunfadores del siglo XX: Martin Luther King Jr., Malcolm X, Bob Marley y otras personalidades
2. 21 heroínas afroamericanas extraordinarias: Relatos sobre las mujeres de raza negra más relevantes del siglo XX: Daisy Bates, Maya Angelou y otras personalidades

La serie de libros "Empoderamiento femenino".

Bienvenido a la serie de libros Empoderamiento femenino. Descubre los intrépidos modelos femeninos de los tiempos modernos con estas inspiradoras biografías de pioneras de todo el mundo. El empoderamiento femenino es un tema importante que merece más atención de la que recibe. Durante siglos se ha dicho a las mujeres que su lugar está en el hogar, pero esto nunca ha sido cierto para todas las mujeres o incluso para la mayoría de ellas.

Las mujeres siguen estando poco representadas en los libros de historia, y las que llegan a los libros de texto suelen quedar relegadas a unas pocas páginas. Sin embargo, la historia está llena de relatos de mujeres fuertes, inteligentes e independientes que superaron obstáculos y cambiaron el curso de la historia simplemente porque querían vivir su propia vida.

Estos libros biográficos te inspirarán a la vez que te enseñarán valiosas lecciones sobre la perseverancia y la superación de la adversidad. Aprende de estos ejemplos que todo es posible si te esfuerzas lo suficiente.

Títulos disponibles:

1. 21 mujeres sorprendentes: Las vidas de las intrépidas que rompieron barreras y lucharon por la libertad: Angela Davis, Marie Curie, Jane Goodall y otros personajes

2. 21 mujeres inspiradoras: La vida de mujeres valientes e influyentes del siglo XX: Kamala Harris, Madre Teresa y otras personalidades
3. 21 mujeres increíbles: Las inspiradoras vidas de las mujeres artistas del siglo XX: Madonna, Yayoi Kusama y otras personalidades
4. 21 mujeres increíbles: La influyente vida de las valientes mujeres científicas del siglo XX

La serie de libros de Líderes Mundiales.

Bienvenido a la serie de libros de Líderes Mundiales. Descubre los modelos reales y presidenciales del Reino Unido, Estados Unidos y otros países. Con estas biografías inspiradoras de la realeza, los presidentes y los jefes de Estado, conocerás a los valientes que se atrevieron a liderar, incluyendo sus citas, fotos y datos poco comunes.

La gente está fascinada por la historia y la política y por aquellos que la moldearon. Estos libros ofrecen nuevas perspectivas sobre la vida de personajes notables. Esta serie es perfecta para cualquier persona que quiera aprender más sobre los grandes líderes de nuestro mundo; jóvenes lectores ambiciosos y adultos a los que les gusta leer sobre personajes interesante.

Títulos disponibles:

1. Los 11 miembros de la familia real británica : La biografía de la Casa de Windsor: La reina Isabel II y el príncipe Felipe, Harry y Meghan y más
2. Los 46 presidentes de América : Sus historias, logros y legados: De George Washington a Joe Biden
3. Los 46 presidentes de América: Sus historias, logros y legados - Edición ampliada

La serie de libros de Mitología Cautivadora.

Bienvenido a la serie de libros de Mitología Cautivadora. Descubre los dioses y diosas de Egipto y Grecia, las deidades nórdicas y otras criaturas mitológicas.

¿Quiénes son estos antiguos dioses y diosas? ¿Qué sabemos de ellos? ¿Quiénes eran realmente? ¿Por qué se les rendía culto en la antigüedad y de dónde procedían estos dioses?

Estos libros presentan nuevas perspectivas sobre los dioses antiguos que inspirarán a los lectores a considerar su lugar en la sociedad y a aprender sobre la historia. Estos libros de mitología también examinan temas que influyeron en ella, como la religión, la literatura y el arte, a través de un formato atractivo con fotos o ilustraciones llamativas.

Títulos disponibles:

1. El antiguo Egipto: Guía de los misteriosos dioses y diosas egipcios: Amón-Ra, Osiris, Anubis, Horus y más

2. La antigua Grecia: Guía de los dioses, diosas, deidades, titanes y héroes griegos clásicos: Zeus, Poseidón, Apolo y otros
3. Antiguos cuentos nórdicos: Descubriendo a los dioses, diosas y gigantes de los vikingos: Odín, Loki, Thor, Freya y más

La serie de libros de Teoría Simple.

Bienvenido a la serie de libros de Teoría Simple. Descubre la filosofía, las ideas de los antiguos filósofos y otras teorías interesantes. Estos libros presentan las biografías e ideas de los filósofos más comunes de lugares como la antigua Grecia y China.

La filosofía es un tema complejo, y mucha gente tiene dificultades para entender incluso lo más básico. Estos libros están diseñados para ayudarte a aprender más sobre la filosofía y son únicos por su enfoque sencillo. Nunca ha sido tan fácil ni tan divertido comprender mejor la filosofía como con estos libros. Además, cada libro también incluye preguntas para que puedas profundizar en tus propios pensamientos y opiniones.

Títulos disponibles:

1. Filosofía griega: Vidas e ideales de los filósofos de la antigua Grecia: Sócrates, Platón, Protágoras y otros
2. Ética y Moral: Filosofía moral, bioética, retos médicos y otras ideas éticas

La serie de libros Empoderamiento para jóvenes empresarios.

Bienvenido a la serie de libros Empoderamiento para jóvenes empresarios. Nunca es demasiado pronto para que los jóvenes ambiciosos comiencen su carrera. Tanto si eres una persona con mentalidad empresarial que intentas construir tu propio imperio, como si eres un aspirante a empresario que comienza el largo y sinuoso camino, estos libros te inspirarán con las historias de empresarios de éxito.

Conoce sus vidas y sus fracasos y éxitos. Toma el control de tu vida en lugar de simplemente vivirla.

1. 21 empresarios de éxito: Las vidas de importantes personalidades exitosas del siglo XX: Elon Musk, Steve Jobs y otros
2. 21 emprendedores revolucionarios: La vida de increíbles personalidades del siglo XIX: Henry Ford, Thomas Edison y otros

La serie de libros de Historia fácil.

Bienvenido a la serie de libros de Historia fácil. Explora varios temas históricos desde la edad de piedra hasta los tiempos modernos, además de las ideas y personas influyentes que vivieron a lo largo de los tiempos.

Estos libros son una forma estupenda de entusiasmarse con la historia. Los libros de texto, áridos y aburridos, suelen desanimar a la gente, pero las historias de personas corrientes que marcaron un punto de inflexión en la historia mundial, son muy atrayentes. Estos libros te dan esa oportunidad a la vez que te enseñan información histórica importante.

Títulos disponibles:

1. La Primera Guerra Mundial, sus grandes batallas y las personalidades y fuerzas implicadas
2. La Segunda Guerra Mundial: La historia de la Segunda Guerra Mundial, Hitler, Mussolini, Churchill y otros protagonistas implicados
3. El Holocausto: Los nazis, el auge del antisemitismo, la Noche de los cristales rotos y los campos de concentración de Auschwitz y Bergen-Belsen
4. La Revolución Francesa: El Antiguo Régimen, Napoleón Bonaparte y las guerras revolucionarias francesas, napoleónicas y de la Vendée

Nuestros libros están disponibles en las principales librerías online.
Descubra los paquetes digitales de nuestros libros aquí:
https://payhip.com/studentPressBooksES

Conclusión

Esperamos que hayas disfrutado de esta colección de 21 impresionantes artistas femeninas.

Este libro destaca las vidas de muchas mujeres jóvenes y mayores que cambiaron sus mundos y nuestras perspectivas actuales sobre lo que suponía ser creativo en un mundo del siglo XX dominado por los hombres.

Espero que tú también hayas aprendido mucho de este libro.

Vuelve a leerlo pronto.

¿Has leído esta lectura educativa? ¿Qué te ha parecido? ¡Háznoslo saber con una bonita reseña del libro!

Nos encantaría leerte, así que, ¡Note olvides de escribir una!